100만 여성 바둑 애호가를 위한

여성 바둑 강좌②
꼭 알아야 할 바둑의 기본

大竹英雄 지음
프로바둑연구회 편

太乙出版社

머 리 말

바둑에서는 모양(형)이 상당히 중요시된다. 상대방과의 대국에서 모양이 차지하는 비중은 곧 바둑의 승패와도 연결된다.

좋은 모양은 바둑의 승리에 결정적인 역할을 한다고 해도 과언이 아니다. 바둑에 있어서 모양이라 함은 곧 '삶의 형태'를 말하기 때문이다.

좋은 모양을 만들기 위해서는 어떻게 해야 하는가?

좋은 모양을 이루기 위해서는 우선 맥에 대한 감각을 키워야 한다. 맥은 바둑의 진행과정에서 나타나는 일종의 모양이라고 할 수도 있다. 바둑돌이 뻗어나가는 길이 바로 '맥'인 것이다.

이 책에서는 초보자들이 꼭 알아두어야 할 기본적인 모양에 대하여 알기 쉽게 설명하였다. 돌의 감각에 대한 지식을 습득하고 좋은 모양을 만드는 기술에 익숙해진다면 분명히 현재의 실력보다 2, 3급 정도는 높아질 것이다.

이제 막 바둑이 어떤 것이라는 것 정도를 익힌 사람이나, 또는 바둑을 배워 그 흥미 속으로 푹 빠져들기 시작한 독자들에게 이 책은 실력 향상의 견인차 역할을 할 수 있으리라 확신한다.

 아무쪼록 이 책으로 말미암아 바둑에 흥미를 갖고
접근하는 독자 여러분, 그중에서도 특히 여성 독자
여러분의 바둑 실력이 부쩍 늘어나기를 비는 마음
간절하다. 아울러 바둑 애호가 여러분의 나날에 항
상 행복의 여신이 함께 하길 빈다.

저 자 씀.

차 례

제 1 장

기본 감각의 양성

◉ 기본 감각 양성에 있어서

바둑은 대개 일국이 200에서 300수로 종료된다. 그들 모든 수를 만점으로 놓을 수는 없다. 오랫동안 바둑을 직업으로 놓아온 나도 섭섭하지만 완전한 바둑을 놓은 기억은 한번도 없다.

하물며 취미로 바둑을 놓는 여러분이 완전한 바둑을 기하려 하는 것은 무리한 일일 것이다. 그러나 비록 완전하지는 않더라도 완전을 목표로 바둑의 맛을 보아야 하는것이다.

그러므로 한 사람이 놓는 120 ~ 130수의 한수 한수를 중요하게 놓는 것이 한층 중요한 일이다.

그러나 실제로 놓는 경우, 일일이 시간을 들여 놓을 수 없는 경우가 많다. 그러므로 여러분은 평상시 맥이나 형을 밝게 볼 수 있는 공부를 해 두어야 하는 것이다.

이 장에서 취급한 기본형은 전부 43형인데 그들을 마스터하면 제일 먼저 바르게 돌을 놓을 수 있게 될 것이다. 아직 나중의 이야기인지는 모르지만, 국면에서도 바른 수를 놓을 수 있게 되는 것은 중요한 일이다. 기본만 잘 익히고 있으면 목표를 벗어나는 일은 없을 것이다.

다만 충분히 주의해야 할 것은, 몇가지 유사한 형이 있다. 얼핏 보아 뻗는 형으로 보이는 경우에도 주위의 상황에 따라서는 젖히지 않으면 안되는 케이스가 있다. 그 판단을 잘 익혀두지 않으면 중요한 실전 때에 애써 배운 지식이 충분히 활용되지 않는다.

이 장에서도 한수 한수 가능한 해설을 상세하게 해 두

었으나 그런 유사형에 헷갈리지 않도록 주의하면서 공부하기 바란다.

이어야할 때는 잇고 그냥 두어도 걱정 없는 곳은 그대로 두고 다른 호점에 선착할 것 같다는 직감력이 생기면 자신이 깜짝 놀랄 정도로 능숙해질 수가 있을 것이다.

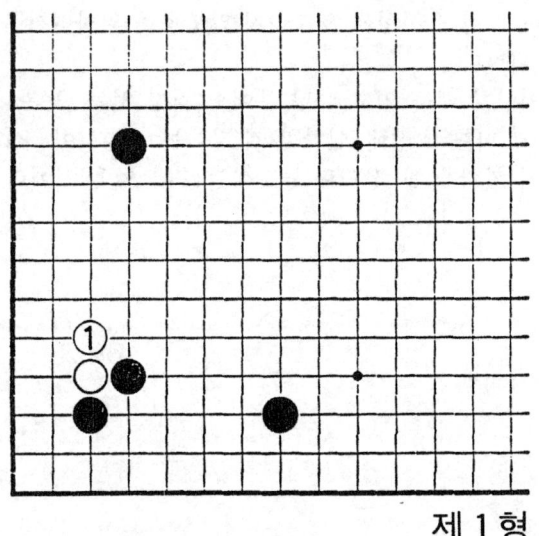

제1형

1. 단순히 굳게 잇는 것이 형이다

○제1형 흑선

지금 백이 1로 당긴 참이다. 이와 같은 경우에 흑은 어떻게 놓는 것이 바르겠느냐 하는 테마이다.

1도(단단한 호형)

흑1로 굳게 잇고 있는 것이 바르다.

여러분은 제일 먼저 감으로 이런 잇기를 생각하였을 것이다. 물론 바둑이므로 주위의 상황에 따라서는 흑A로 미는 편이 좋은 경우도 있을 것이다. 또 때로는 흑B로 내려야 할 경우도 있다.

그러나 이 형에서는 흑1로 굳게 이으면 좋다. 흑의 ●와 어우러져 호형이 되기 때문이다.

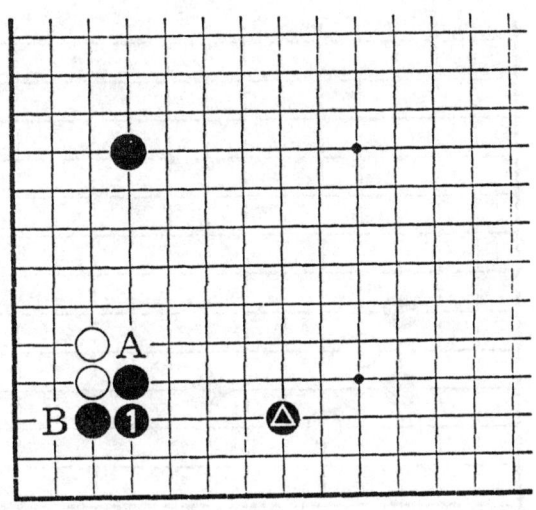

1 도

◻속맥에 주의

참고도

초보자는 우선 흑 1 로
미는 것을 생각한다. 오
른쪽에 두꺼운 맛을 약
화시키지 않으면 안될 경
우는 일반적으로는 백 2
로 젖혀 구석의 땅이 물
려져 버린다.

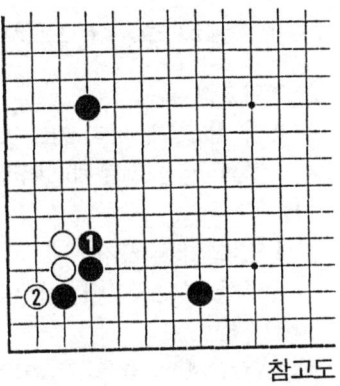

참고도

게다가 백에게 근거를 주는 것도 상당한 마이너스이다.
당신의 감각을 시정하도록 하라.

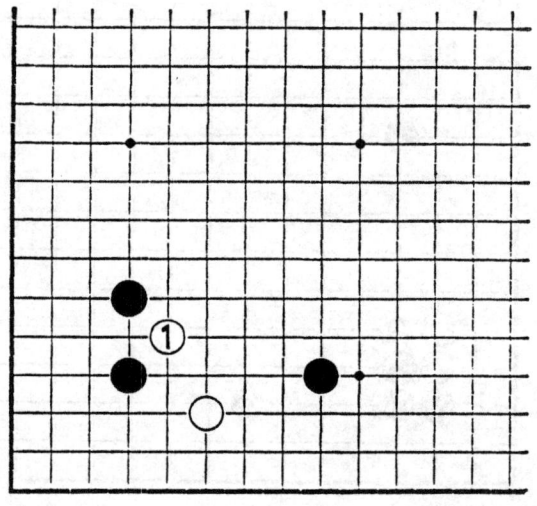

제 2 형

2. 빼면 우선 잇는 것을 생각한다

○제 2 형 흑선

흑이 한 칸에 자리 잡고 있을 때 백은 1로 잘 빼어간다. 이와 같은 경우에 당신은 어떻게 놓을 생각을 하겠는가.

1도(고마운 잇기)

유명한 격언에 '빼기에 잇지 않는 바보는 없다'라는 것이 있다.

상대가 빼면 언제든지 이어라 하는 말이다. 물론 이 경우도 흑 2로 고마운 잇기가 된다.

흑 2로 잇는 것에 의해 한 칸의 흑이 상당히 강화된다. 이렇게 되면 백에게 안에서부터 A로 빼일 걱정은 없다.

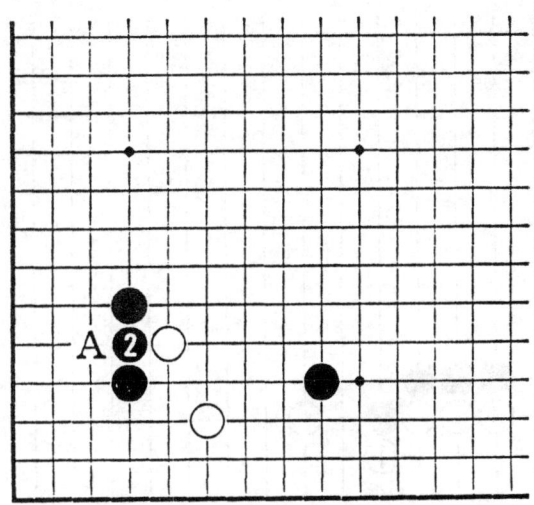

1 도

◎기를 쓰는데 주의

'끊을 수 있는 곳은 끊어라' 라는 교훈도 있는데 무엇에나 반발하는 것이 좋다고는 할 수 없다.

참고도 (백에게 여유를 준다)

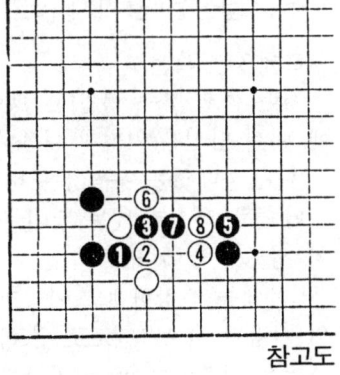

참고도

혹 1 · 3 등으로 내어 끊는 것은 백에게 2 이하 8과 같이 풀 여유를 주게 된다.

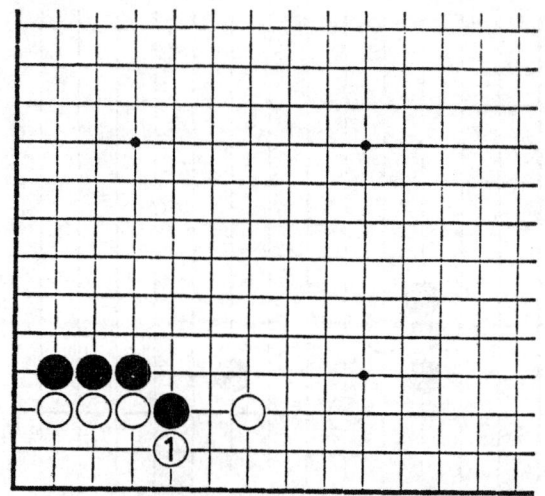

제 3 형

3. 결점을 남기지 않고 놓는 것이 중요

○제 3 형 흑선

이런 형도 자주 생긴다. 백이 1로 젖혀간 참인데 이것에 대해 당신은 어떻게 대응하겠는가?

1도(쓸데없는 우월감은 버린다)

단순히 흑1로 잇는 것이 바른 것이다. 백도 A로 대비할 정도일 것이다.

처음에는 이상하게도 이렇게 흑1로 잇지 않는다. 대부분의 사람이 흑A (참고도 참조)로 붙여 대어 가는 것이다. 그것은 선수이고, 백을 압박할 수 있다는 우월감을 갖고 있는 탓일 것이다.

그런 쓸데없는 우월감은 일찌감치 버리고 좀더 능률적

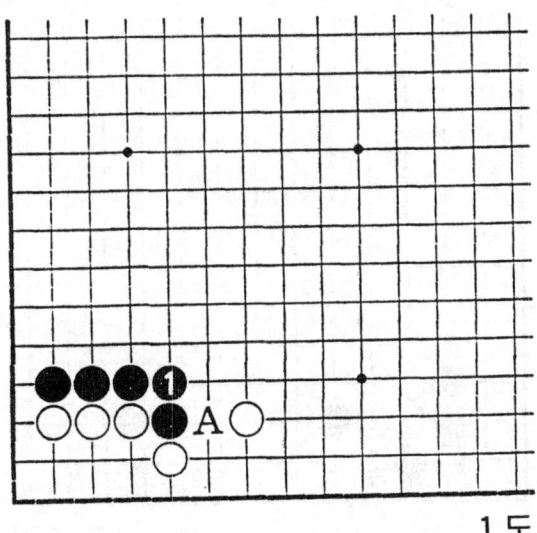

1 도

인 감각을 가져야 한다.

◇ 속맥에 주의

속맥을 놓고 있는 동안은 아무리 많은 바둑을 놓아도 강해지지 않읍니다. 그 속맥의 좋은 예입니다.

참고도 (머리를 부딪치는 수)

흑1로 머리를 부딪치

참고도

는 수에 변변한 수는 없다. 백2 이하 6이 되어도 장래 백에게 A의 끊기를 겨냥당하게 된다.

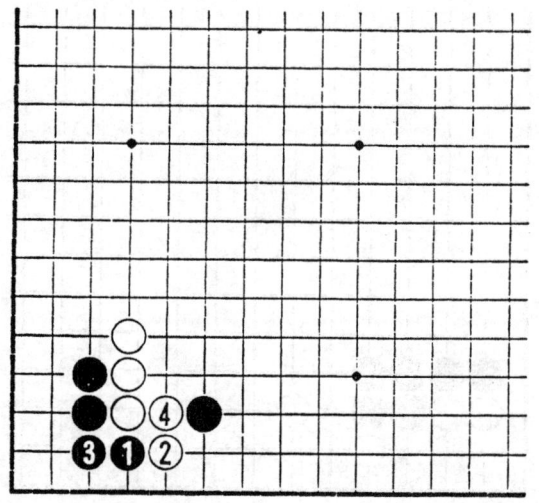

제 4 형

4. 빨리 가까이에 발을 벌리도록 노력한다

○제 4 형 흑선

이것은 화점 정석의 한가지이다. 흑이 1 · 3 으로 뻗어 붙고, 백이 2 · 4 로 대응한 참인데 여기서 흑은 어떻게 놓아야 하는가—— 하는 것이 테마이다.

1도(전혀 걱정없는 뛰기)

흑 1 로 뛰어 윗쪽으로 머리를 내는 것이 정착이다.

이 1 에서는 백에서 A로 나올 것 같은 느낌이 들지만 흑 B로 받아 별로 어떻게 되는 일은 없다(다만 백에서 수단이 있는 형에서는 뛰어서는 안된다).

요컨대 흑 1 은 조금이라도 빨리 왼쪽으로 돌을 가져가도록 노력해야 한다.

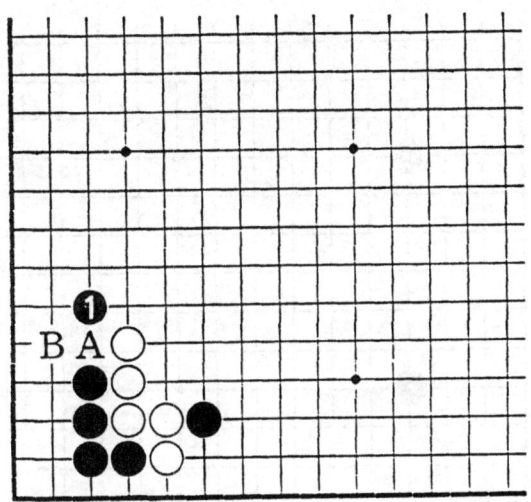

1 도

◎ 뒤 밀기에 주의

결점의 불안으로 발이 느린 수를 놓아서는 능숙해지지 않는다.

참고도(백의 세력이 낫다)

자주 흑 1 로 뻗는 사람이 있다. 이 편이 땅이 단단해질 것이라고 생

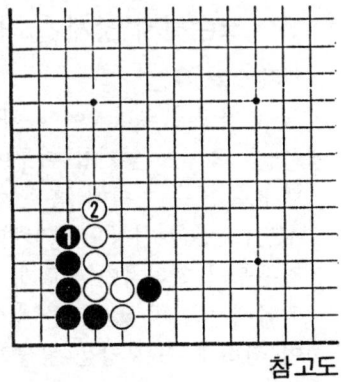

참고도

각하기 때문이다. 그러나 이것은 '차 뒤 밀기'로 백에 강력한 세력을 주는 것밖에 되지 않는다.

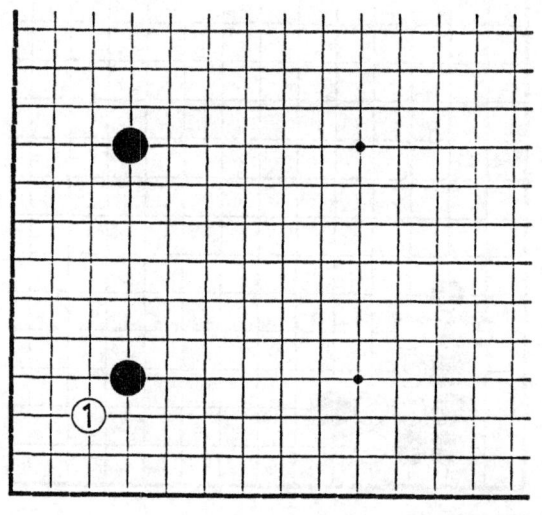

제 5 형

5. 느슨하지 않게 눌러넣는 감각을 익힌다

○제5형 흑선

흑이 어떻게 눌러넣어야 하는가를 배우는 예로써 화점에 대한 3·3 넣기를 다루어 보겠다.

백1로 넣은 참인데 흑은 어떻게 대응해야 하는가.

1도(모양의 형성을 생각한다)

결론부터 말하자면 이렇게 흑1로 눌러넣은 참이다.

윗쪽에는 이미 ●의 한 점이 놓여져 있다. 이것과 호응하여 좌변에 흑 모양을 형성하려고 하고 있는 것이 이 흑1의 누르기이다. 이것에 대하여 백이 손을 빼면 물론 흑A로 백 한 점의 사명을 제지하고 있다.

백은 보통 A로 움직여 내는데 그것은 다음 형에 나타낸

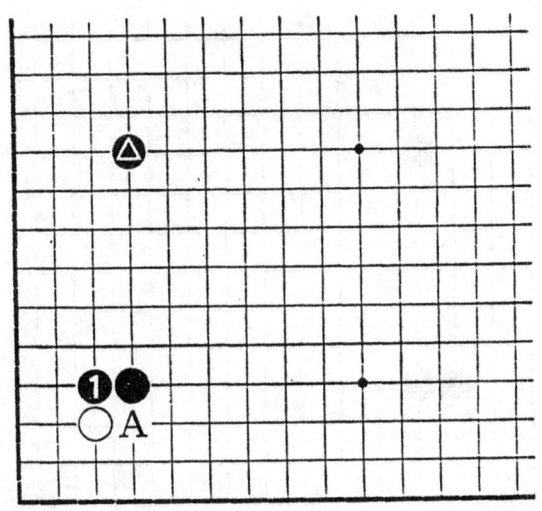

1 도

다.

◇방향에 주의

위에서 눌러넣든가 오른쪽에서 눌러넣어 큰 형세가 변화되어 간다.

참고도(방향에 반대)

만일 흑1로 눌러넣으면 모처럼 ●가 움직일 장소를 잃는다. 또 백에 A로 놓으면 흑1 이하 5의 두꺼운 맛도 활동하지 못한다.

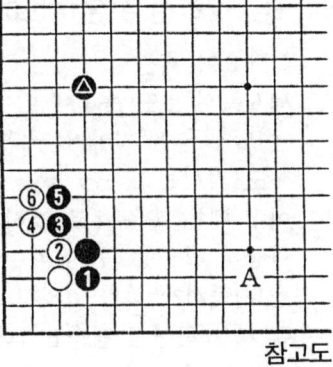

참고도

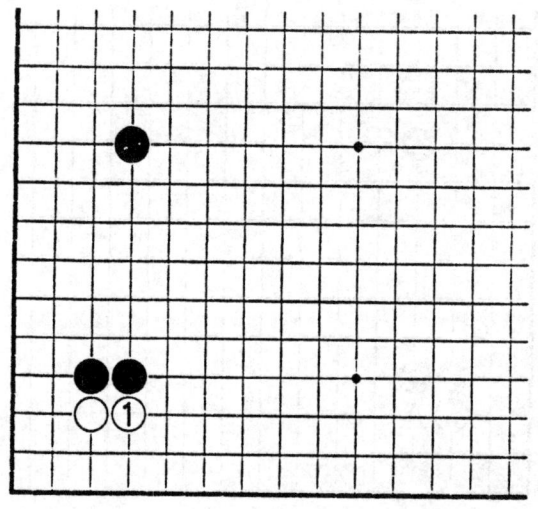

제 6 형

6. 젖혀진 곳은 꺼리지 말고 젖힌다

○제 6 형 흑선

제 5 형의 1 도 흑 1 에 이어 이 그림 백 1 로 뻗어간 다음 어떻게 놓을 것인가 생각해 보자.

1 도(젖히는 한 수)

이런 때는 흑은 1 로 젖히지 않으면 안된다.

나중에 서술할 '두 점의 머리'로 되어 있기 때문에, 백의 형을 거북하게 하기 위해서도 흑 1 은 절대이다. 다만 백에 A 로 끊겨 곤란한 경우는 그뿐만이 아니다.

백은 당연히 백 2 로 젖힐 것이다.

여기에서 흑은 B 로 2 단 젖혀가는 형도 있으나(참고도 참조) 보통 흑 3 으로 뻗어가면 충분하다(제 3 형의 i 도의

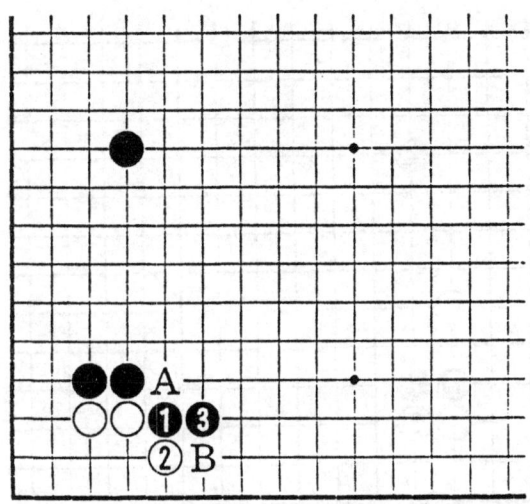

1도

경우와는 다르다).

◇ 다른 방법에 주의

참고도 (2단 젖히기)

백의 공배 메우기를 단단히 한다는 의미로 흑 1・3으로 2단 젖혀가는 맥도 성립한다.

또 이 다음 백A, 흑B, 백C, 흑D, 백E, 흑F, 백 잇기(3), 흑G가 되는 것이 정석이라는 것을 덧붙여 둔다.

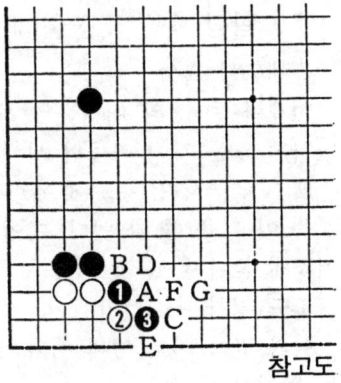

참고도

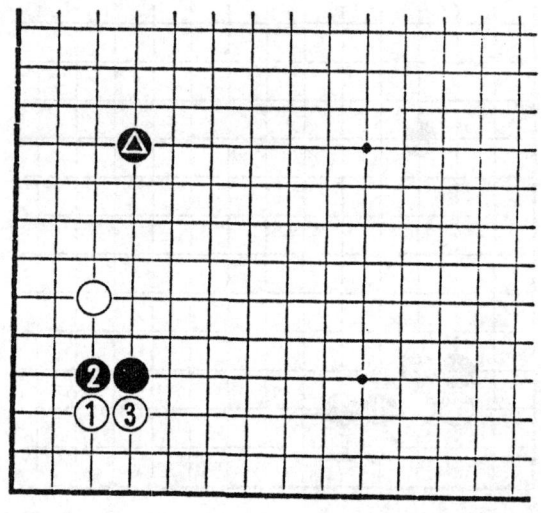

제 7 형

7. 항상 주변의 상황에 주의한다

○제7형 흑선

언제나 두 점의 머리는 젖히면 좋은가 하면 그렇게 간단하지 않은 것이 바둑의 성가신 점이다.

백1로 구석(3·3)에 넣어간 돌에 대해 흑2로 끊는 것은 이 경우(●가 있다) 당연하다. 백3에 대해서 흑은 어떻게 놓아야 할 것인가.

1도(정착——뻗기)

이와 같이 바로 옆에 백의 ⚪가 있는 국면에서는 흑1로 뻗어야 한다.

전형과 마찬가지로 흑A로 젖히는 것은 위험하다(참고도 참조). 아무리 두 점의 머리라고는 해도 흑A로 젖혀

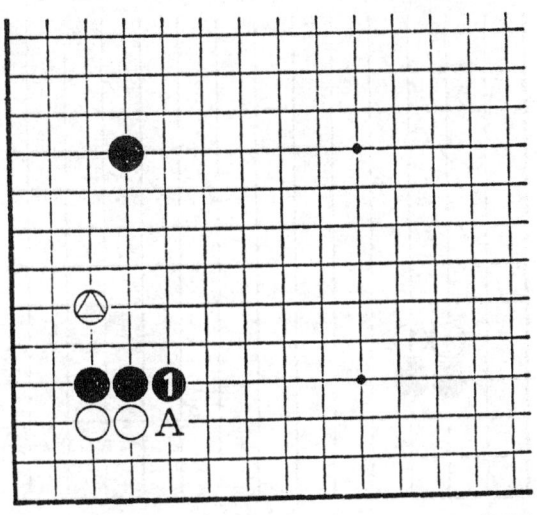

1 도

백에 1이 끊을 여지를 주는 것은 좋지 않다. 제 6 형과 비교해 보아 주시오.

◇ 주변에 주의

옆에 상대(여기에서는 백)의 돌이 있을 때는 결점을 만들지 않도록 놓아야 한다는 것을 명심해야 할 필요가 있다.

참고도

여기에서 흑 1 로 젖히면 백 2 부터 백 4 로 끊

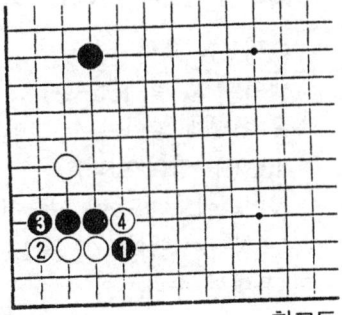

참고도

겨 곤란하다. 이 다음 어떻게 놓아도 흑 1 이나 윗쪽의 세점, 어느쪽인가를 빼앗겨 버린다.

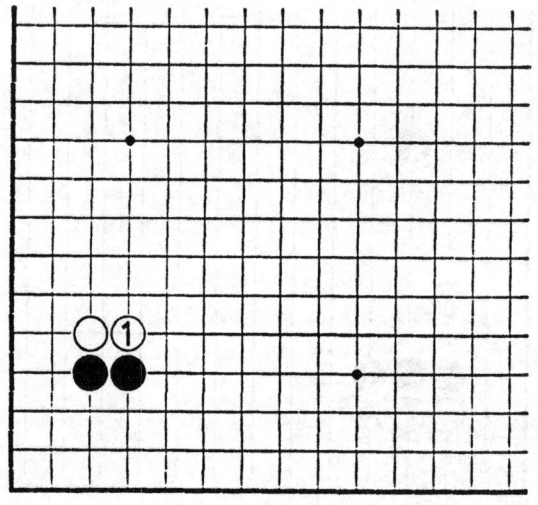

제 8 형

8. 두 점의 머리는 보지 말고 젖혀라 (격언)

○제 8 형 흑선

백이 1로 밀어 올렸다고 하는 상정인데 이런 형에서는 흑은 어떻게 놓아야 할 것인가?

1 도(두 점의 머리)

첫머리에도 있듯이 '두 점의 머리는 보지 말고 젖혀라' 라는 격언이 있다. 이 흑1이 그렇다. 이런 형에서는 특히 유력한 수다.

제 8 형은 그림과 같이 흑 두 점에 백 두 점으로 세력 관계가 팽팽하다. 그러나 다음은 흑 차례로, 흑에게 유리하게 전개될 것이 상식이다.

27

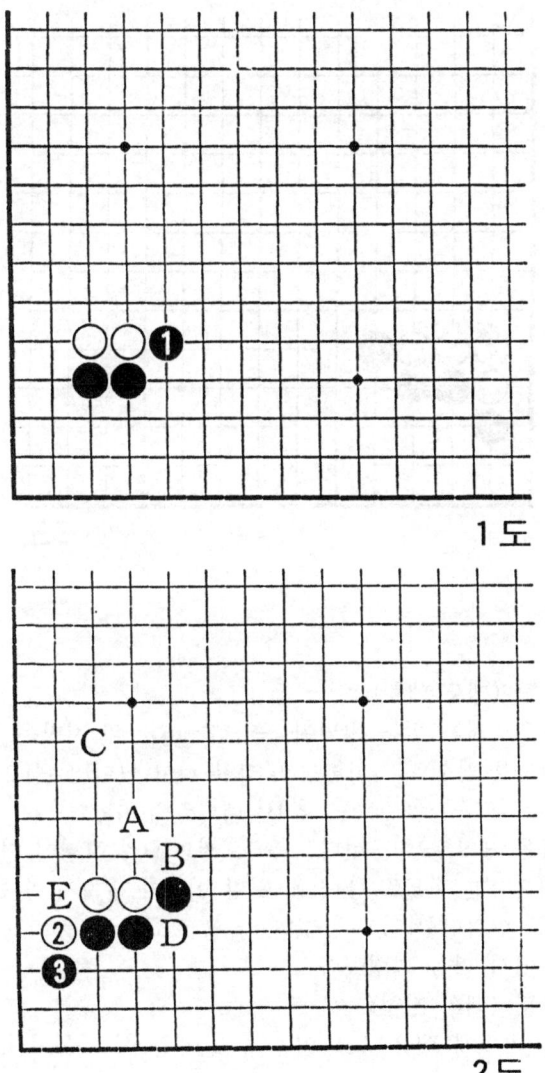

1도

2도

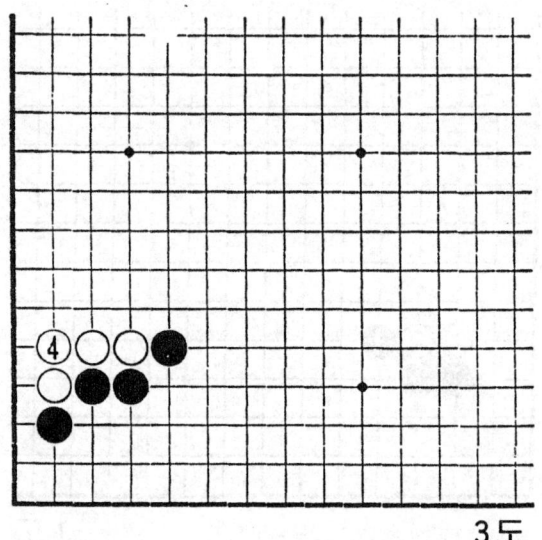

3도

2도 (백도 대항)

백으로써는 받는 방법이 곤란한데 최강의 저항은 두 점 꼬리쪽을 백 2로 젖혀놓는 방법일 것이다(다만 백 2에서 백 A로 뛰는 것도 있고, 흑 B, 백 C로 변화한다).

흑은 3으로 대응한다. 흑으로써는 D의 결점이 마음에 걸립니다만 흑 E로 한 점을 취할 여지가 남겨져 있는 이상 곧 반격당할 걱정은 없다.

이어서 다음 그림이다.

3도 (백의 정형)

수 가볍게 백은 4로 잇는다. 문제는 이 다음이다.

만일 여러분이 흑이라면 어떻게 대처하겠는가.

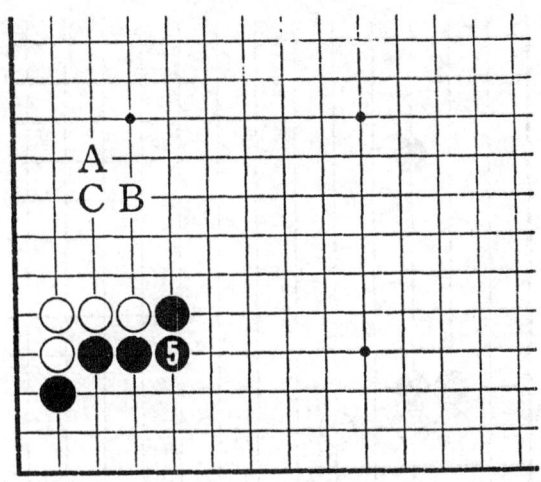

4도(단단한 형)

혹5로 이것을 단단히 잇는다. 혹의 실리는 상당한 것이다. 이 다음 백은 A로 벌어져 있는 정도이다. A를 제거하면 혹B, 또는 혹C로 주위에서 공격하게 된다.

⊗ **악형에 주의**

애써 두 점의 머리를 젖혀보아도 뒤 놓는 방법을 모르면 모처럼의 강수가 활동할 수 없다.

참고도(약점이 있는 백의 형)

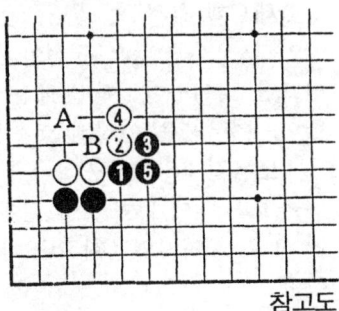

참고도

만일 백2로 젖혀가면 어떨까? 혹3·5로 정하고 장래 혹A 겨냥을 한다. 혹3에서 B로 끊는 수도 성립한다.

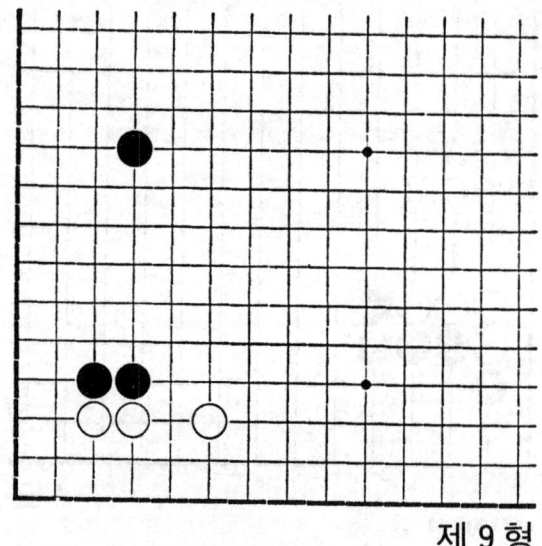

제 9 형

9. 절대로 빼놓을 수 없는 뻗어내기

○제9형 흑선

이것도 자주 나오는 형인데 초보자는 의외로 다음의 포인트를 벗어난다. 이런 때는 즉시 떠오르는 것이 있어야 한다. 여러분은 어떻게 놓겠는가.

1도 (절대의 한 수)

흑1로 뻗어내는 것이 절대이다. 이것을 놓지 않고 백에 1로 놓여지면 (참고도 참조) 하늘과 땅으로 벌어지게 된다.

우리들 전문가의 바둑에서 만일 이 1의 점을 백에게 허락하게 되면 그 바둑은 끝장이다.

그 정도로 이 1의 점은 중요한 급소가 되는 것이다.

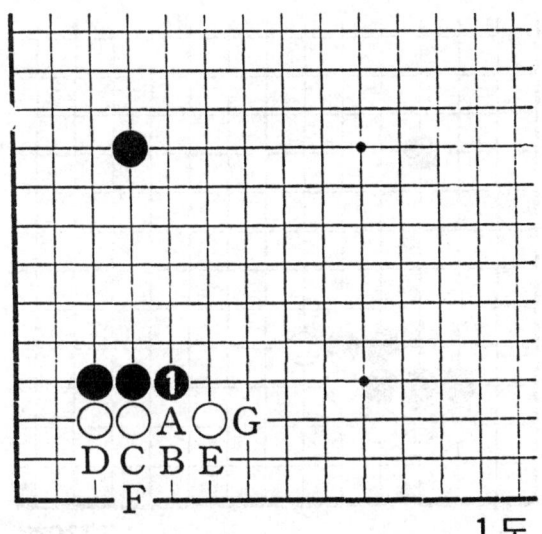

1 도

(흑 A, 백 B, 흑 C 이하 흑 G까지 기호순의 수단이 있다).

◻ 급소에 주의

만일 급소를 벗어나면 도대체 어떤 형이 되는 것일까?

참고도(흑의 형이 무너진다)

1 도의 흑 1에서 이그림 흑 1로 전개했다고 하자. 백 2로 놓으면 흑의

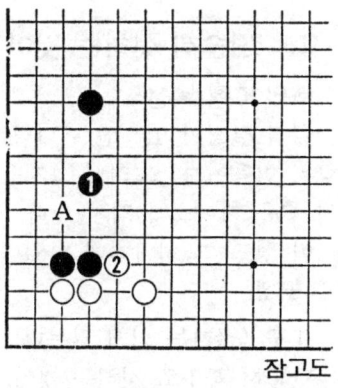

참고도

형(두 점)은 공배 메우기로 백에서 여러 가지 수가 생긴다 (예를 들면 백 A). 반대로 백은 절호형이다.

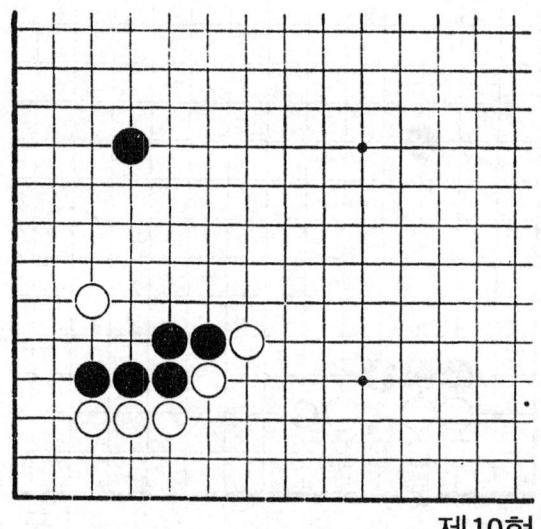

제10형

10. 단순히 젖히는 것이 형이다

○제10형 흑선

끊기 결점이 있으면 어디나 끊어보고 싶어지는 것이 사람의 마음이다. 그러나 그것을 꾹 참고 끊지 않고 놓는 편이 좋은 케이스가 적지 않다.

이 형도 그 하나인데 만일 독자라면 다음에 흑은 어떻게 놓겠는가?

1도 (끊기는 되지 않는다)

단순히 흑1로 젖히는 것이 형이다. 조금 아까운 기분도 없지 않지만 흑에서 A나 B로 끊어보아도 어쩔 수 없다.

초보자는 흑1로 A를 끊고, 백B, 흑1로 정해가고 싶겠지만, 그것은 백에게 D로 뻗을 기회를 주어 오히려 백의

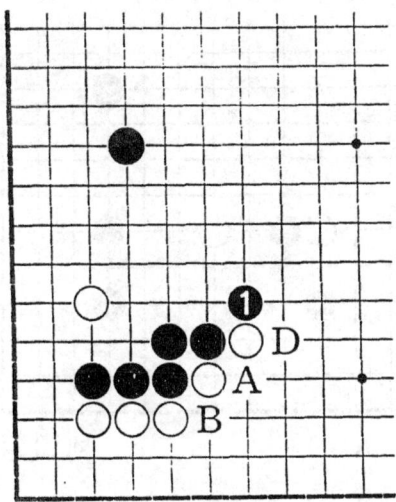

1 도

2 도

형을 좋게 만든다.

2도(이 수의 응수)

이어서 백도 2로 잇는 정도이다. 그리고 흑도 3으로 단단히 걸어 잇는 것이 이수이다.

또 ⊘가 있는 이상, A의 결점을 방치해 둘 수는 없다. 만일 방치해 두면 B의 붙이기 등에서 A의 절단을 겨냥당한다. 1도 흑1 이하 2도 흑 3까지 모든 것이 이수이다.

이런 결정 방법을 잘 머릿속에 넣어두기 바란다.

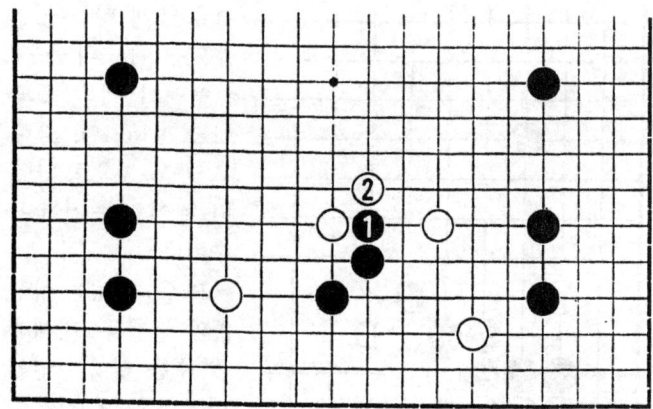

제11형

11. 끊기에서 가는 맥

○제11형 흑선

접바둑에서 자주 생기는 형을 선택해 보았다.

흑1로 나가는 것이 최강의 반격이다. 여기에서 만일 백이 2로 젖혀져 가면 여러분이라면 어떻게 반격할 것인가?

1도(바른 맥)

흑1로 단순히 끊어가는 것이 바른 놓기이다.

'뭐야 그렇게 간단하다니 ……' 라고 경시해서는 안된다. 실전에서 틀림없이 흑1로 끊을 수 있도록 기억해 두어야 한다.

여기에서 백A라면 흑B로 안는다(다음 페이지 참고도와 비교할 것).

그리고 ──

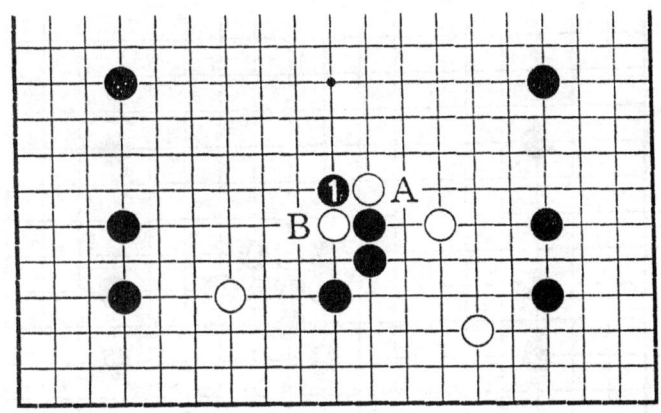

1도

2도

2도 (앞 그림에 이어)

백이 만일 2로 당기면 흑은 어떻게 가야 할 것인가?

2, 3수 뒤까지 읽을 수 있을까.

36

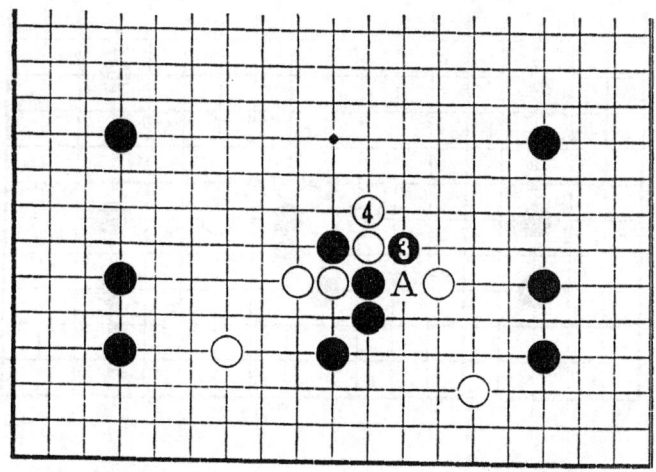

3 도

3 도(필연적인 놓는 방법)

혹으로써는 당연히 진출하지 않으면 안되므로 3으로 단수한다.

이것에는 백도 4로 뻗는 수이다. 혹은 A의 결점이 남아 있으므로——

4 도(혹 일찍 우세)

혹 5로 이어간다. 이렇게 되면 오른쪽에 남겨진 백 두 점이 혹의 세력하에 고립된다.

이 다음 백은 A로 한 점을 취할 정도이므로 혹은 B로 구석을 조여 백 두 점의 움직임을 봉쇄하면 혹의 우세가 확실해져 간다. 1도에서 4도까지의 돌의 흐름을 반복하여 보도록 한다.

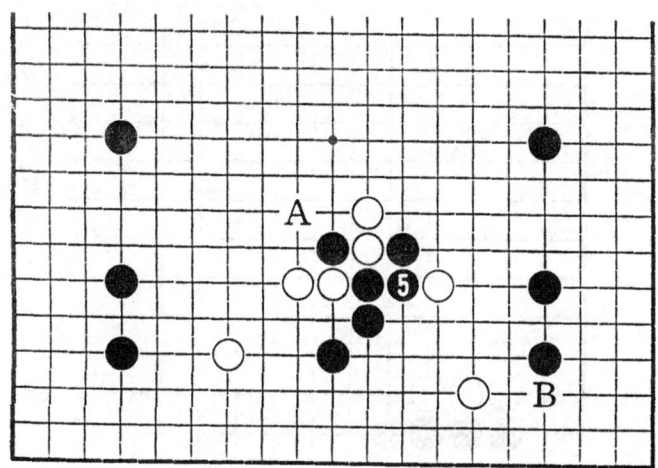

4 도

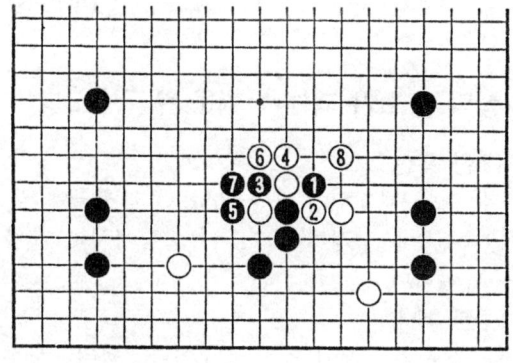

잠고도

◇ 속수에 주의

처음 제 11 형을 보았을 때에 여러분은 어떤 변화를 예상할까요?

참고도 (백 두꺼워진다)

흑 1 부터 가는 것은 속수, 이하 백 8 까지 백 두꺼워진다.

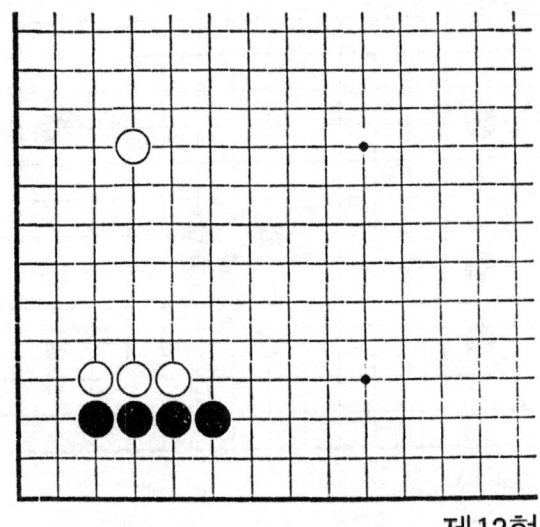

제12형

12. 형의 급소가 되는 두꺼운 수 구부리기

○제12형 흑선

흑의 네 점이 제3선에 나란히 있고 그 윗쪽에 백 세 점이 붙어있는 형을 상정해 보자. 이런 형에서는 흑의 다음한 수는 확실하다.

1도(공배 메꿈)

흑1로 구부리는 것이 멋진 급소이다. 백의 세 점에 공배 막기를 하고 있는 동시에 흑은 오른쪽(하변)에 큰 모양을 형성해 간다.

다음에 백A라면 흑은 B로 젖혀 백C로 뻗지만, 이 백의 형에는 장래 흑에서 D로 뺄 것 같은 맛이 남아 있다.

이 다음 흑이 오른쪽의 모양을 확대한 경우에는 더욱 흑

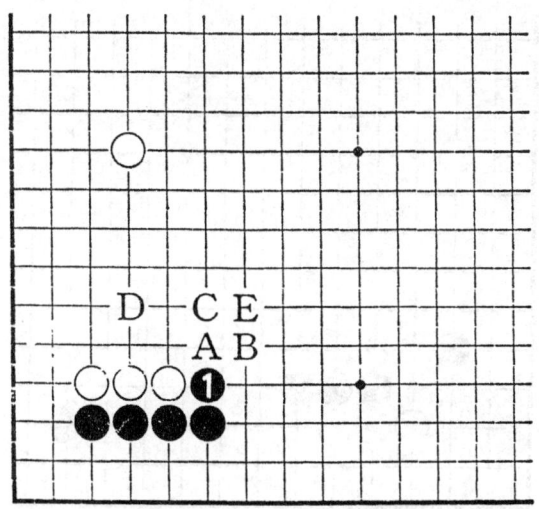

1 도

은 E로 밀어가게 될 것이다.

◇ 혹백 쌍방의 쟁점

참고도 (백 차례라면)

만일 이 국면에서 백의 차례라면 역시 1로 밉니다. 혹도 2로 젖히는 정도인데, 백 3 · 5로 젖혀 뻗어도 1 도와는 달리 백의 형도 단단해져 있다. 게다가 백의 모양

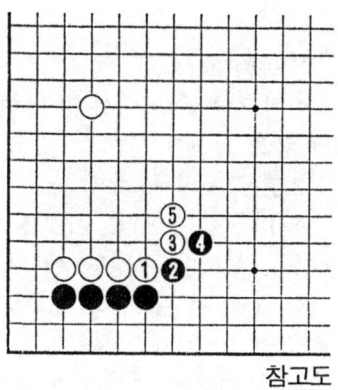

참고도

도 상당히 커져간다. 요컨대 1의 점은 혹백 쌍방에게 있어서 양보할 수 없는 급소인 것이다.

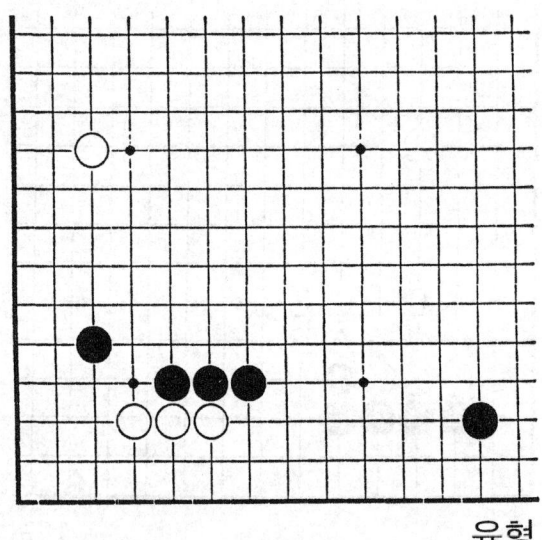

유형

◇유형 혹선

이와 같은 국면에서 만일 여러분이 혹의 차례라면 어떻게 놓을 것인가.

2도(구부려 누르기)

혹1의 한 수이다. 이것은 용어로 구부려 누르기라고 불리우는 형이다. 이 혹1에 의해 우선 하변의 혹의 땅이 상당히 붙을 것 같다. 그리고 그 이상으로 큰 가치는 백이 손을 뺄 수 없다는 것이다. 만일 백이 손을 빼면 혹이 A로 달려 구석은 혹에게 빼앗겨 버릴 것이다.

그래서 어쩔 수 없이 백A로 붙이든가, 백B의 마늘모로 살 길을 기하게 될 것인데, 어느 경우에든지 혹은 선수로 다른 호점으로 돌 수가 있다.

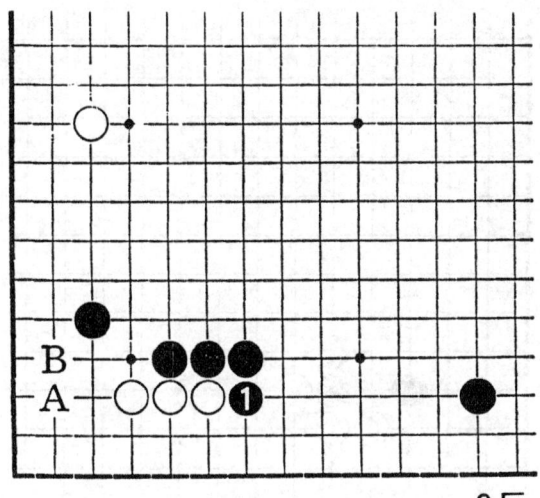

2도

혹1과 같이 선수로 구부려 누르기를 놓을 수 있는 때를 결코 놓치지 않도록 한다.

◇백 **차례와의 비교**

참고도 (뛰기)

만일 백 차례라면 1로 뛰어갈 것이다. 이 그림 과 2도를 비교해 보도 록 하라.

이 그림에서는 하변에 거의 혹의 땅을 전망할 수가 없다. 게다가 2도

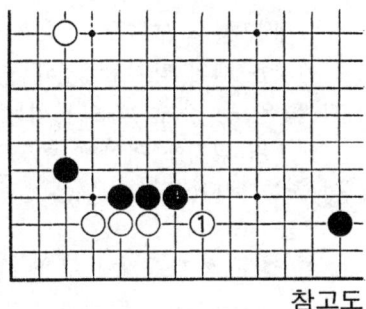

참고도

와는 반대로 혹의 네 점의 그림자가 엷어졌다. 2도의 혹 1이 얼마나 멋진 수인지 알 수 있다.

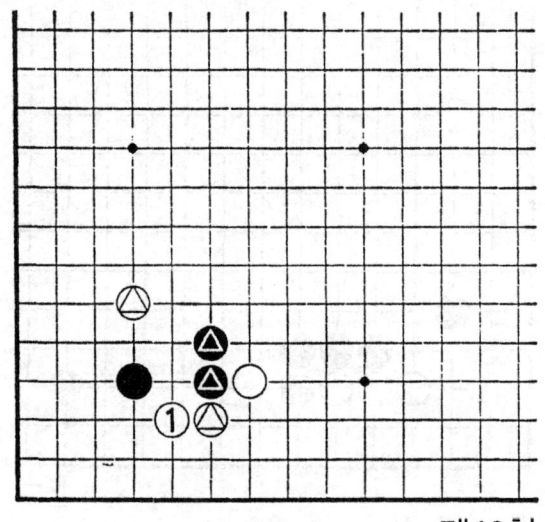

제13형

13. 돌의 연락으로 쌍립 이음이 유효한 경우

○제13형 흑선

이것은 백의 양걸침(△의 두 점)에 대해 흑이 붙여뻗기(●의 두 점)를 놓은 정석의 한 장면을 나타낸 것이다.

백1의 뻗기에 대하여 흑은 어떻게 대응하는 것이 좋을까 하는 테마이다.

1도(붙여대기)

이 경우 흑1로 쌍립 이음에 붙여대는 것이 바른 받기가 된다.

아무리 구석이 크다고 해도 이 흑1에서 흑A로 눌러넣는 것은 백에서 B로 내어 끊겨 흑이 곧 곤란하게 된다.

흑1은 단순히 연결일 뿐만 아니라, 다음 흑C로 젖혀서△

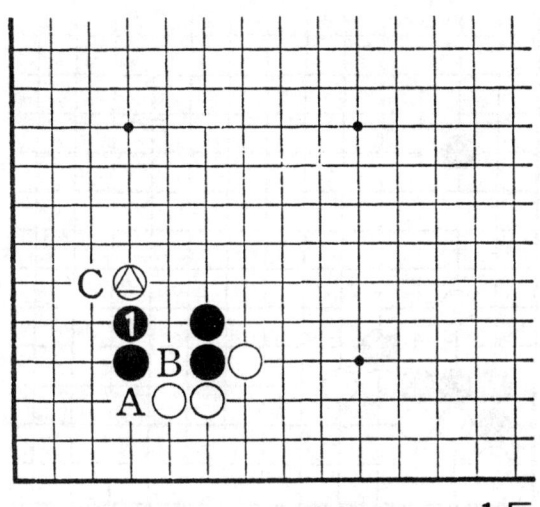

1 도

의 한 점의 활력을 빼앗는다는 의미도 포함하고 있는 것이다. 중반전에서도 응용할 수 있는 맥이다.

◇ 속수에 주의

참고도(빈 삼각)

빈 삼각이 움직임이 둔한 모양이라는 것은 알고 있을 것이다.

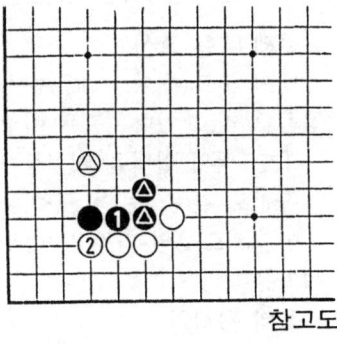

참고도

흑1로 잇는 형은 위의 백 ◇ 의 한 점에 영향이 없을 뿐 아니라 1과 ● 의 두 점으로 빈 삼각이 되어 있다.

게다가 ◇ 가 혹의 형의 급소가 되어 있기 때문에, 그 다음 흑은 상당히 곤란을 겪을 것이다.

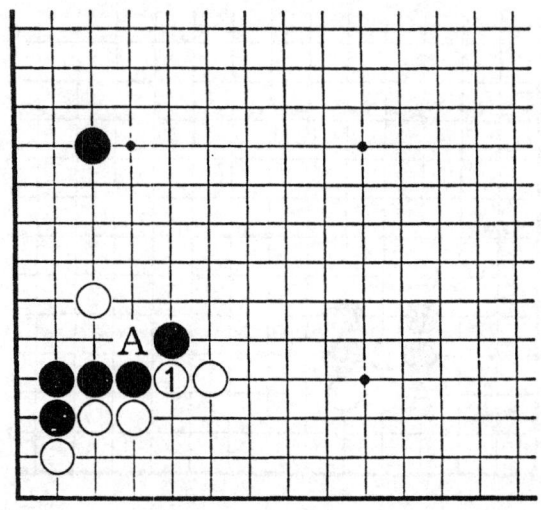

제14형

14. 끊기를 막는 유효한 잇기 방법

○제14형 흑선

백이 1로 대어 넣고, 자신의 형을 정비하면서 A의 단점을 노리고 있다. 흑은 어떻게 놓을 것인가

1도(백의 활력을 빼앗는다)

흑1로 걸쳐잇는 한 수이다.

이것으로 A의 단점을 없애는 동시에 백의 △의 활력을 빼앗는다.

돌의 움직임

바둑에서는 돌의 효율(움직임)을 중시한다. 같은 잇기라도 잇는 방법에 의해서 조금이라도 상대에게 영향을 주도록 연구하는 것이다.

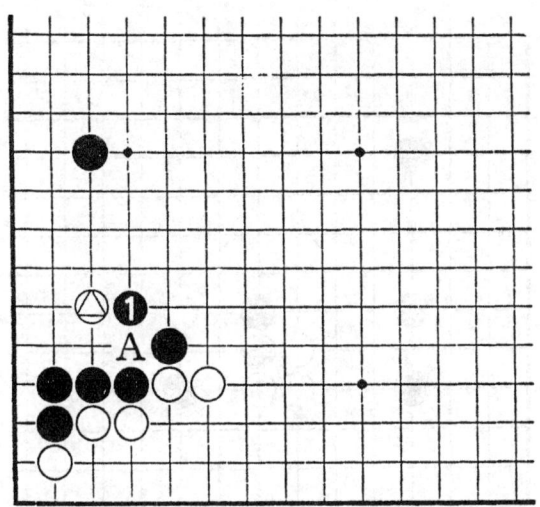

1 도

◎속수와의 비교

단단한 잇기가 좋다고 배웠다면서 무엇이건 단단히 잇는 사람이 있다. 그래서 강해지지 않는다.

참고도 (움직임이 없는 잇기 방법)

예를 들면 흑1로 이

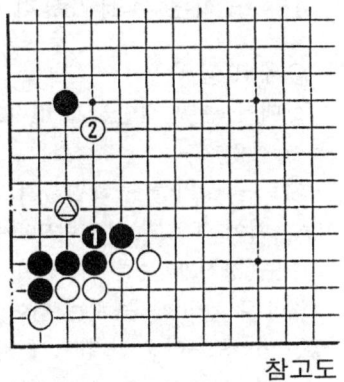

참고도

으면 백2 주위부터 놓여 아랫쪽 흑 전체가 겨냥당한다. ◎가 활력을 잃고 있는 것이 그 원인이다.

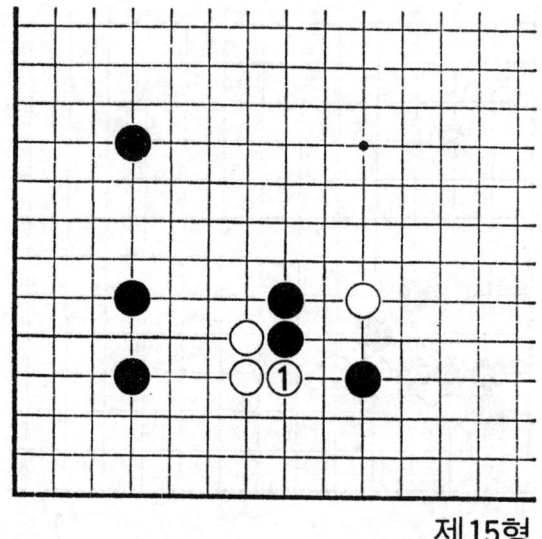

제15형

15. 끊기를 두려워하지 않는 강한 태도

○제15형 흑선

상대가 돌의 절단을 노린다고 해서 당황하여 잇거나 해
서는 곤란하다.

때로는 끊기를 두려워하지 않는 강한 태도가 필요하다.
만일 백이 1로 구부린다면 여러분은 어떻게 놓겠는가.

1도(강하게 누른다)

흑1로 강하게 누르는 것이 바른 놓기이다. 백에서 A로
끊는 수가 두려운 느낌도 들지만, A로 끊어가면 흑B로 붙
여 역습하는 수단도 있고, 여기는 두려워할 때가 아니다.

오히려 흑1로 놓아 백의 공배 메꿈을 겨냥하는 편이 강하
다.

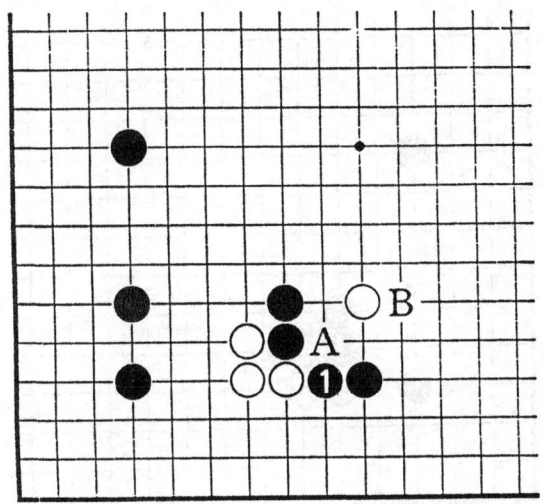

1 도

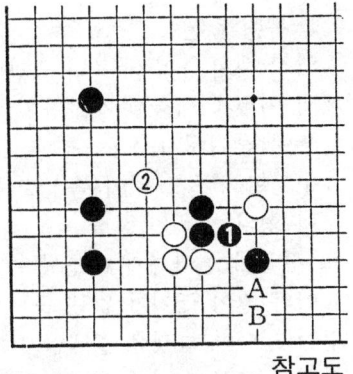

◇ 느슨한 형에 주의
참고도(연결이지만…)
초보자의 바둑에는 이렇게 흑1로 잇는 것을 자주 볼 수 있다. 무사히 연결은 되어 있지만 이것은 형이 느슨하여 백 세 점에 영향을 주지 못한다.

참고도

이 흑1이 느슨한 형인 이유는 백에서 장래 A로 붙여 아래에 근거를 가질 여지가 있고, 또 백B로 틈새기에 놓을 여유 등도 있기 때문이다.

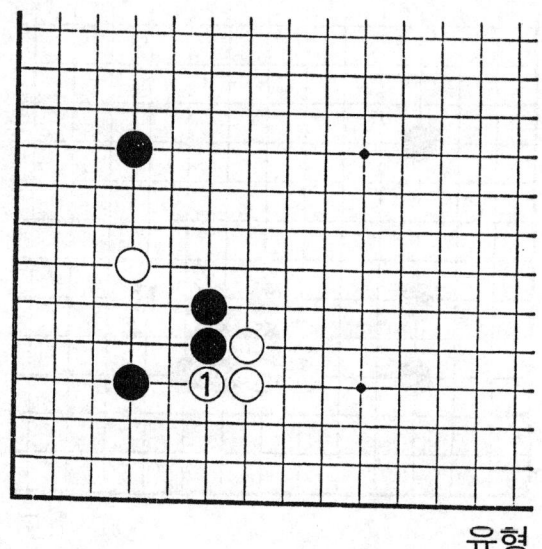

유형

◇유형 흑선

역시 백이 1로 구부러져 간다. 흑으로써는 이 1에 대해서 어떻게 대응할 것인가?

2도(붙여대기)

두말할 필요도 없이 흑1로 붙여댄다.

이 형의 경우는 직접 백부터 A로 끊는 수가 없다. 흑B로 장문에 들어가기 때문이다.

이와 같이 끊기가 없는 곳에서도 끊기를 두려워하는 사람이 있다니, 그것은 쓸데없이 떠는 것이고 냉정하게 돌의 움직임을 보고 있지 않다는 증거이다.

또 백B로 빼어가면 천천히 흑C로 대응하면 좋은 것이다. 백도 D로 붙거나 하여 A의 끊기를 겨냥할 지도 모른다. 이것에 대해서는 흑도 E의 마늘모로 받을 수 있는 형

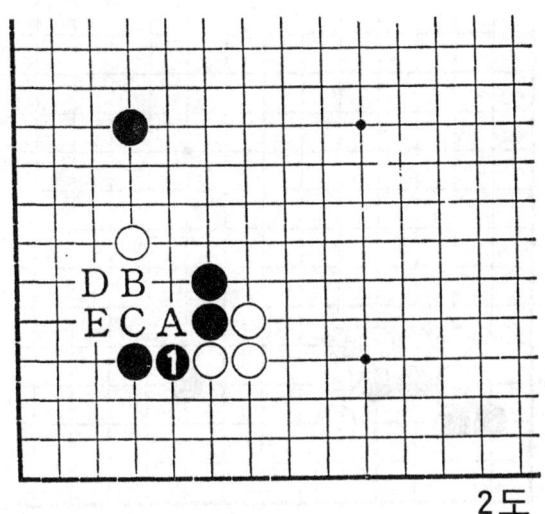

2도

으로 조금도 걱정할 필
요는 없다.

◎ 맥이 닮아 좋지 않
은 형

참고도(뛰어붙이기)

자주 혹 1 로 뛰어붙이
는 것을 볼 수 있다. 2
도와 같이 백에서 B 로
빼는 수를 방해해 들어
간다. 게다가 ◎의 한
점에 영향을 주고 있다.
그러나 ◎의 한 점은 가

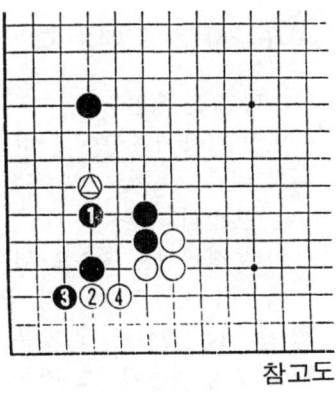

참고도

볍기 때문에 자신으로써는 버릴 지도 모른다. 게다가 백 2
·4 로 안정시킬 여지도 있어 느슨한 것이다.

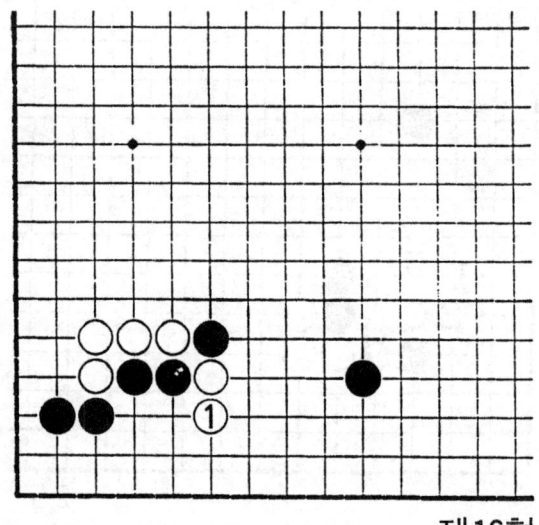

제16형

16. 한 칸에 뛰는 형

○제16형 흑선

만일 백이 1로 내려가면 흑은 어떻게 대응할까——문제의 테마.

1도(형의 기본)

이런 형에서는 흑1로 뛰어 받는 것이 바른 놓기다.

이 흑1은 소위 대비형 중에서도 기본 중의 기본이라고 할 수 있는 것이다. 이것은 주변 끝에만 통용되는 것이 아니고 중앙 싸움에서도 자주 나온다.

특히 이 형의 경우는 흑돌의 사활에 직접 관계된다(다음의 **참고도** 참조). 때문에 흑1의 뛰기가 얼마나 중요한지 모른다.

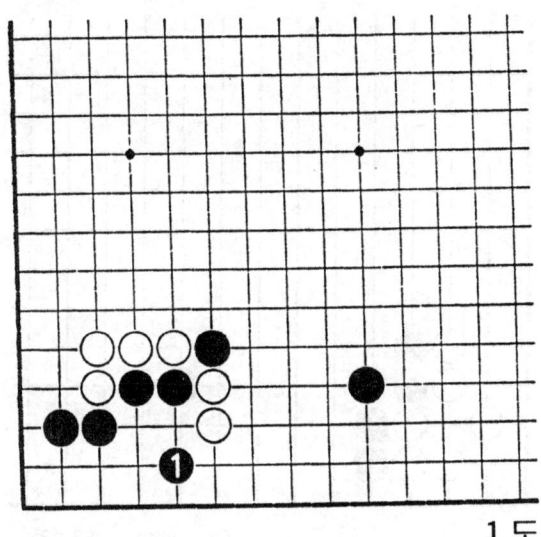

1 도

지금 머릿속에 잘 새겨두기 바란다.

◇ 속수로는 위험

참고도(흑사)

설마 이 흑1로 놓는 사람은 없겠지만 백2로 단수되어 간단히 죽어버린다. 이어서 흑A의 잇기라면 백B이다.

또 흑A로 단단히 잇는 사람이 자주 있다. 이것

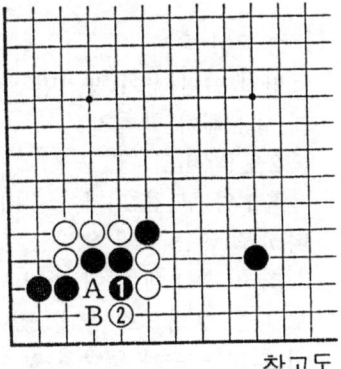

참고도

도 백2로 흑은 살 수 없다. 또 흑B의 걸쳐 잇는 백2로 다음 백A의 놓기를 겨냥당한다.

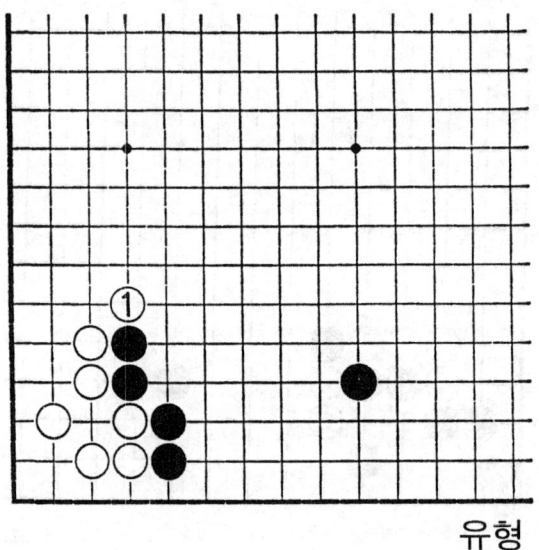

유형

◇유형 흑선

만일 이런 형이 생기면 백1 젖히기에 대해 흑은 어떻게 대응해야 할까?

2도(대비의 형)

흑1의 한 칸 뛰기가 대비의 호형이다. 이것으로 백부터 A로 끊는 수가 없다는 것은 알았을 것이다.

또 이 흑1에 대해 만일 백B로 뻗어주면 흑은 손 빼기로 다른 호점으로 돌 수 있다. 흑이 손 빼기를 해도 백에서 걸치는 수가 없다는 것을 각자 확인하기 바란다.

이런 놓기는 하나하나 생각해 내는 것이 아니고 보통 때부터 하나의 형으로써 기억해 두어야 한다.

또 흑1로 뻗는 수에서 초보자는 곧 흑B로 젖히고 싶

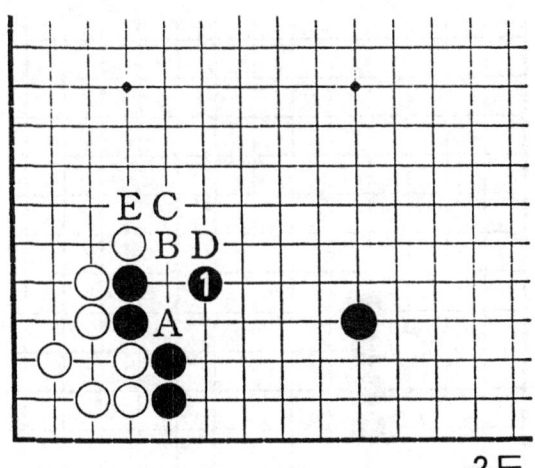

2 도

어 하지만, 그것은 백에게 C로 2단 젖혀지고 흑D로 뻗어
도 백E로 이어져 흑에는 백A의 끊기의 결점이 남기 때
문에 안된다.

◯ 형이 무너진다

참고도(붙이는 맥)

흑1로 걸쳐 잇는 것
은 얼핏 보면 단단한 수
처럼 보인다. 그러나 이
것에 대해서는 백2가 급
소이고, 흑은 형이 무너
지고 만다. 이어서 흑A
로 젖혀내면 백B로 끊

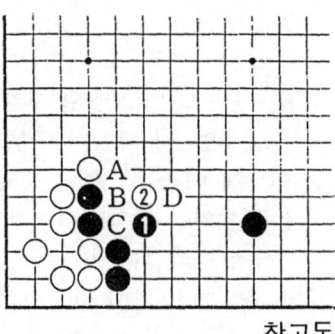

참고도

고, 흑C, 백D로 놓여져 곤란하다.

또 흑1에서 C로 단단히 잇는 것은 백A로 뻗쳐 역시불
만이다.

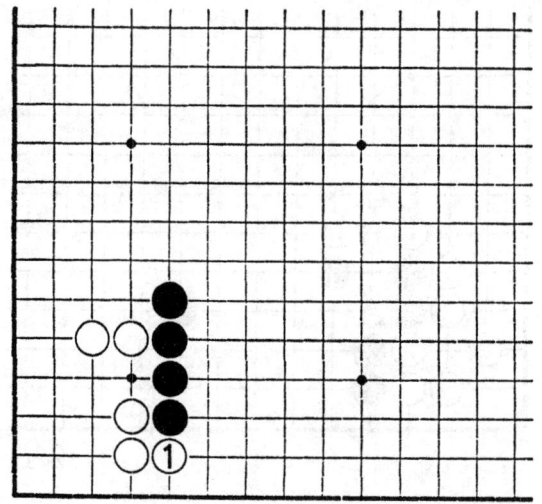

제17형

○제 17 형 흑선

초보자의 경우, 조금이라도 상대의 침략을 허락해서는 안된다——라는 잘못된 생각을 하는 사람이 적지 않다.

예를 들면, 이 백 1 의 구부리기이다. 이것에 대해서 흑은 어떻게 대응하면 좋을지 생각해 보자.

1 도 (빗기는 감각)

상황에 따라서는 흑A로 누를 수도 있다. 백 B로 끊는 수는 흑 1 에서 축에 잡히기 때문이다.

그러나 초반전이면 이 그림과 같이 흑 1 로 한칸 빗기는 편이 현명하다.

이 1 은 백에게 A로 붙여져 손해를 본다고 생각하기 쉽지만, 백 A는 제 2 선을 뻗어가게 되기 때문에 백도 놓기 어

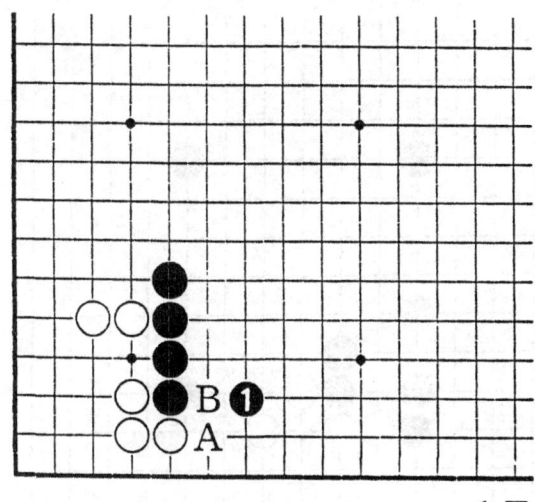

1 도.

려운 수인 것이다. 백이 놓기 어렵다고 하면 혹이 A로 누를 찬스를 가지게 될 지도 모른다. 혹 1로 빗기는 것이 좋다.

◇ **겨냥이 남는다**
참고도(겨냥의 맥)

보통이라면 혹 1로 누르고 싶은 경우이다. 또 그 편이 좋은 때도 있다. 그러나 이 형에서는 장래 백A로 뻗고, 혹B에 백C로 놓아 이 혹의 두꺼운 맛을 잃어갈 여지

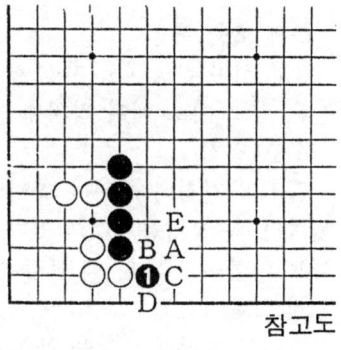

참고도

도 있고, 또 백C로 끼워붙여 혹D에 백E로 침범할 수단도 남겨지는 것이다.

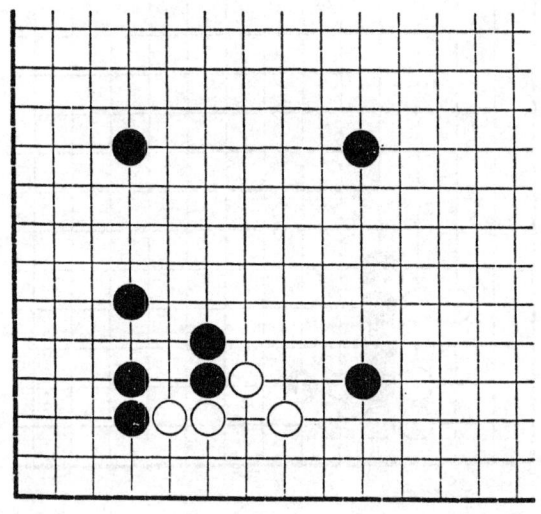

제18형

17. 봉쇄를 기하는 형의 급소

○제 18형 흑선

9점 접바둑 등에서 자주 생기는 초반전인데 만일 이와 같은 형 그대로 백이 방치해 둔다면…… ?

1 도(걸침)

흑 1 의 걸침에 주의가 쏠리면 합격이다. 이것으로 우선 윗쪽의 흑 모양은 완성되었다. 상황에 따라서는 흑 A로 마늘모로 붙여 전체의 백을 공격하는 편이 좋은 경우도 있을지 모른다

그러나 대부분의 경우, 흑 1 로 걸쳐 위로 내지지 않는 편이 현명할 것이다.

이어서 만일 백 B, 흑 C, 백 D로 내어 끊어주면 흑 E, 백 F,

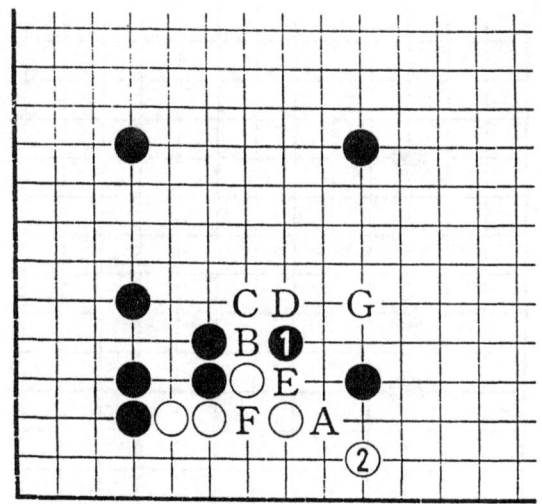

1 도

흑G로 형을 정비하여 충분하다. 백도 흑1에 대해 백2
로 달려 살 길을 구할 수 있는 정도이다.

◇**막아 넣기에 실패**

참고도(백호형)

1 도의 흑1에서는 웬
지 두려운 느낌이 든다.
백부터 내어 끊을 수 있
는 수가 남아 있기 때문
이다.

이 그림과 같이 흑1
· 3으로 놓았는데 백에

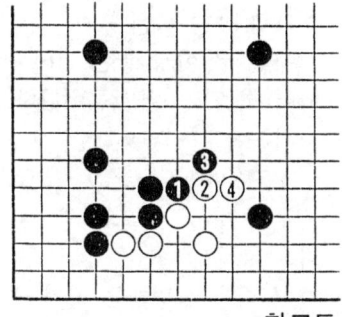

참고도

2 · 4로 젖혀져 봉쇄에 실패했다. 9점 접바둑이므로 이
것으로도 충분하다 라고 생각해서는 안된다.

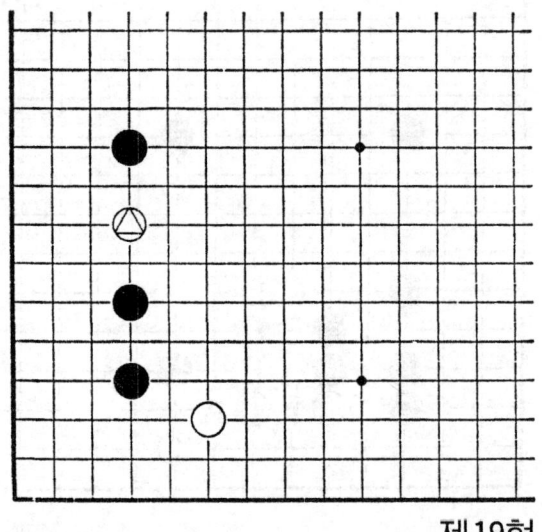

제19형

18. 걸쳐 봉쇄를 노리는 형 —— 마늘모

○제19형 흑선

여섯 점 이상 놓은 접바둑에서 자주 나타나는 형이다. 백이 ⊘으로 갈라 들어갔다고 생각한다. 이런 경우 만일 여러분이 흑이라면 어떻게 처리하겠는가?

1도(마늘모 붙임)

우선 이 흑1 또는 흑A의 마늘모가 떠오른다면 합격이다.

이 다음의 변화는 백의 대응 방법에 따라 각기 달라지므로 간단하게 해결할 수는 없다.

그 변화는 나중에 공부한다고 하더라도 이 마늘모가 나오지 않으면 나중의 바른 리도 할 수 없는 것이다.

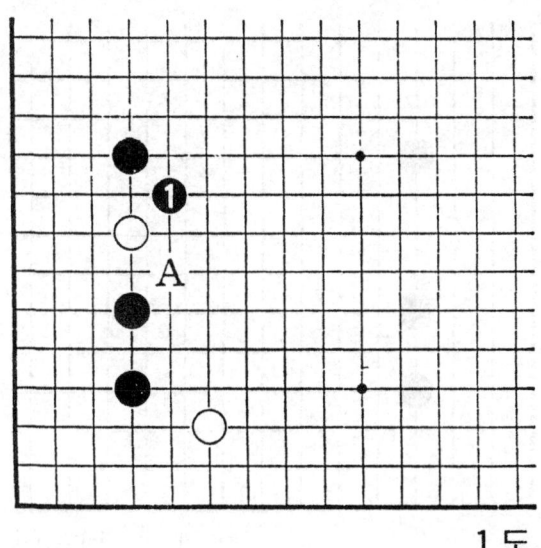

1 도

◻ 속수에 주의

이상하게도 초보자들에게는 공통적으로 실패하는 수가 있는 것이다.

참고도 (빠뜨린 30집)

흑1로 위에 붙이는 것도 그 한가지. 백 2에 흑 3 이하 7 까지 연락하는 놓기이다. 연락은 되

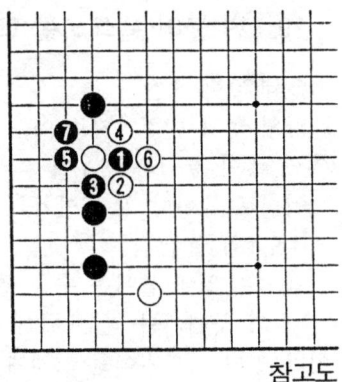

참고도

어도 백에 6 까지, 즉 한 점을 빠뜨리면 결코 칭찬을 받을 수 없다. '빠뜨린 30집'이라고 할 정도로 큰 것이다.

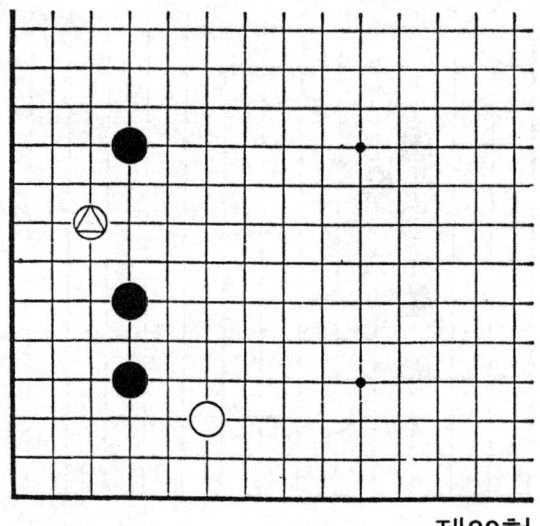

제20형

19. 위 붙여 봉쇄하는 맥

○제20형 흑선

앞의 형과 마찬가지로 여섯 점 이상의 접바둑으로 백이 △에 놓아 들어온 경우의 흑의 처리법이다.

어디로 놓아야 할 것인가.

1도(위 붙임)

흑1로 위에 붙이는 수를 생각해 낼 것이다.

이 위 붙이기와 앞 페이지 **참고도**의 위 붙이기와는 차이가 있다. 그 차이를 기억해 두어야 한다.

백이 깊이 들어올 때는 위부터 붙여 막아 넣을 수 있도록 가져가는 것이다.

다만 백을 취하는 것이 아니고 작게 살린다는 것을 생

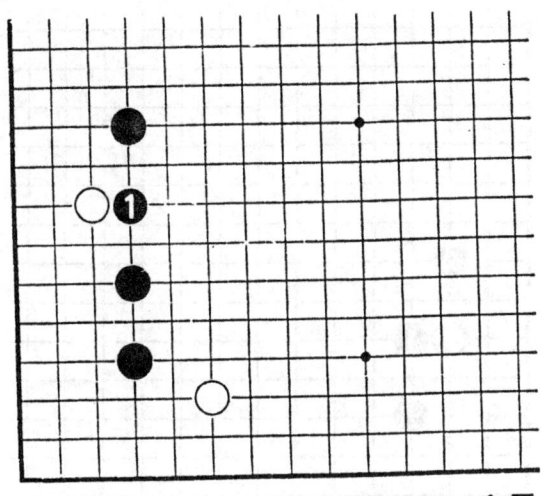

1도

각해야 한다.

◇ 속수의 주의

참고도(백 강화의 도움)

이 흑1 등도 초보자가 한번이나 두번은 반드시 하는 실패의 수이다.

공격의 경우 마늘모 붙이기 또는 상대가 굳힘

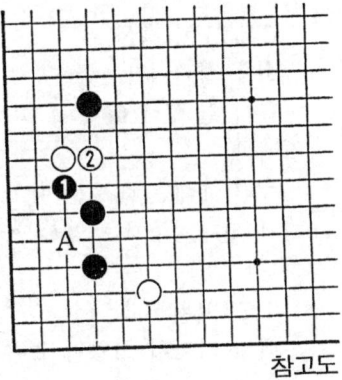

참고도

형이 되는 경우의 마늘모 붙이기와는 전혀 다르다. 백을 강화시키고 흑에는 A의 결함이 남는 나쁜 교환인 것이다.

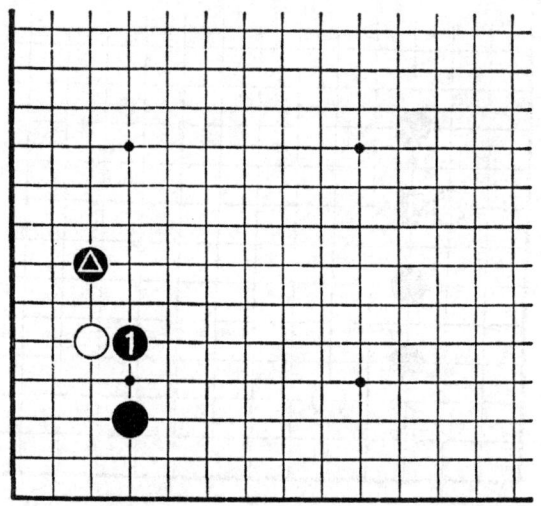

제21형

○제21형 흑선

소목 정석이다.

흑이 한 칸에 ●으로 끼운 때 백이 .손 빼기를 했다는 상정이다.

그런 때에는 대부분 흑1로 위에 붙이는 것이 강한 두기가 된다. 주지는 역시 백을 막아넣어 작게 살린다──라는 것이다.

1도(백의 저항)

백의 최강의 저항이 2의 젖혀넣기이다.

흑에 3으로 받게 하고 4로 이으려는 것이다. 백으로써는 흑에 조금이라도 결점을 만들게 하려는 것이다.

만일 흑3에서 흑4로 아래부터 끊으면 백은 3으로 뻗

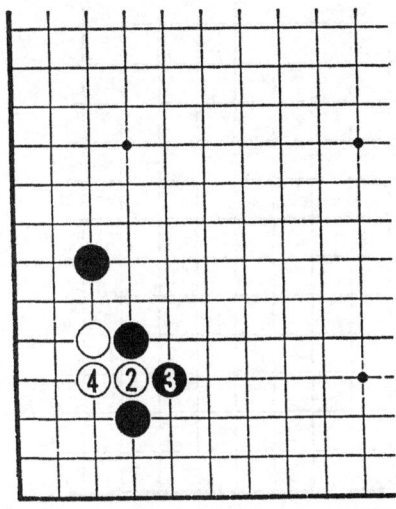

1 도

어낸다. 이 때 흑은 놓기가 곤란하다.

2 도 (외벽)

흑5 이하 백8까지 일단락이다. 백을 구석에서 작게 살렸는데 흑은 이 일대에 벽을 만들 수 있으면 만족이다.

또 1 도 백 2 의 젖혀넣기 보다 이 그림에서 백부터 A의 빼기나 B의 끊기(다만 축이 좋은 경우), C의 빼기 등 살아가는 것이다.

백이 선수를 잡고 싶을 때는 백 8 에서 D로 단수(흑 E)를 하는 경우도 있다.

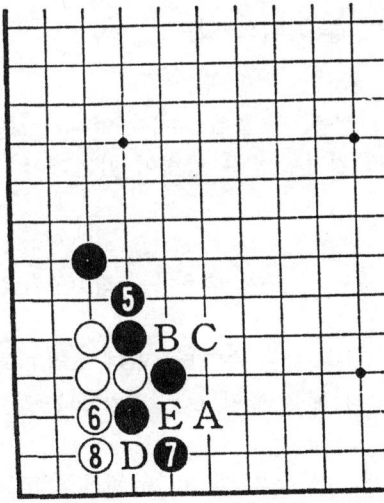

2 도

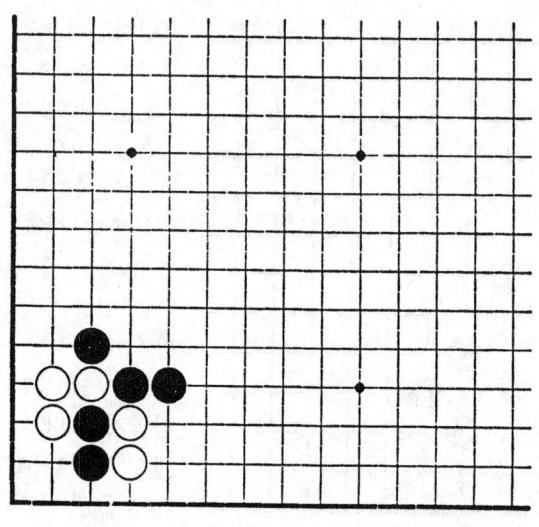

제22형

20. 딱 결정하는 배 붙이기의 맥

○제22형 흑선

이미 구석의 흑 두 점을 구출할 수는 없다. 그러나 그 흑을 이용하여 딱 결정할 좋은 방법이 있는 것이다.

어떤 방법일까?

1도(배 붙이기)

흑1이 그것이다. 어째서 이 수가 좋은가는 **참고도**와 비교해 보기 바란다.

백은 이어서 A로 두 점을 안는 수 밖에 없다. 그리고 흑은 B로 단수, 선수로 달리(예를 들면, C 벌리기)도는 것이다.

흑1의 붙이기에 대해 백이 B로 낼 수 없다는 것은 말

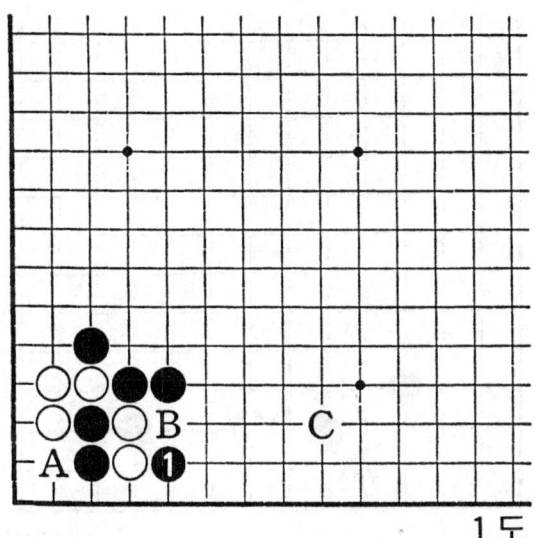

1 도

할 필요도 없이 알 것이
다.

◇ 속수에 주의

참고도(결점이 남는다)

보통 흑 1 로 눌러가면
어떻게 될까? 백은 일
단 2 로 구부린다. 결국
백 4 의 두 점 안기로 도
는데, 백은 같은 후수라
도 이 형이라면 장래 백
A 로 끊을 수 있는 겨냥

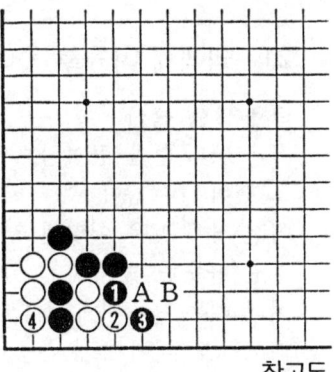

참고도

이 남는다. 흑으로써는 B로 걸쳐 잇는 정도이지만 그렇게
되면 백이 선수가 되어버린다.

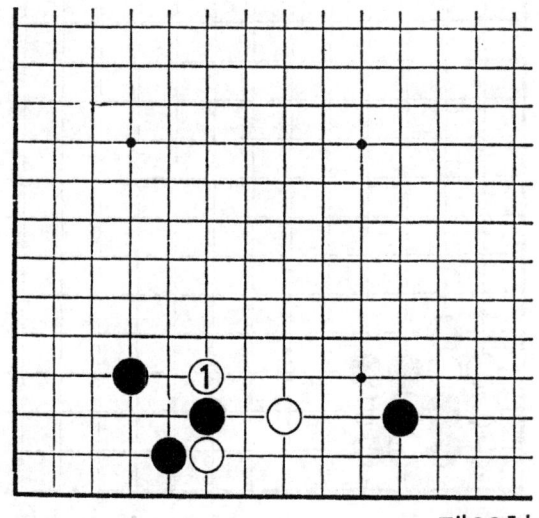

제23형

21. 백에게 여유를 주어서는 안된다

○제23형 흑선

흑은 백의 돌을 공격하고 있는데, 이 백이 빼기 위하여 1로 끼워 붙여간다.

이런 경우 흑은 어떻게 놓아야 할 것인가?

1도(단순한 잇기)

이런 때는 단순하게 흑1로 잇는 것이 좋은 것이다.

백도 A로 뛰어 도망치는 정도이다. 상황에 따라서는 흑 B로 붙여내어 반발하는 수, 또는 흑C로 한 점을 안는 수 등이 있다. 그러나 대부분의 경우 반대로 백을 풀게 하는 결과가 됨으로 그다지 기억하지 않는 편이 좋다.

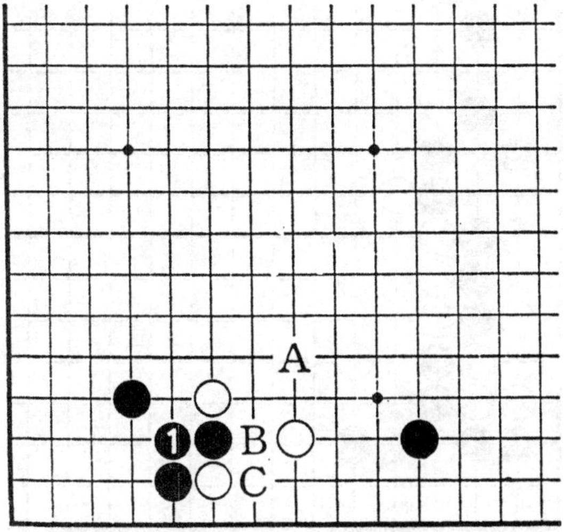

1 도

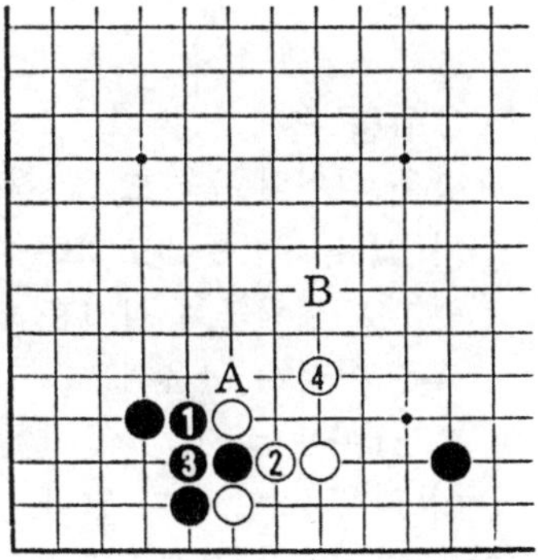

참고도

◇ 속수에 주의

참고도(백의 형의 정비)

우선 생각할 수 있는 것이 흑1로 받는 수가 아닐까?

백은 기뻐할 뿐. 2의 단수를 이용하고, 선수로 4로 뛸 것이다. 이 형 다음에 백A로 뻗으면 거의 사는 형이다. 그것을 꺼려 흑A로 단수, 백은 한 점을 방치하고 B로 뛰어 도망가 버린다.

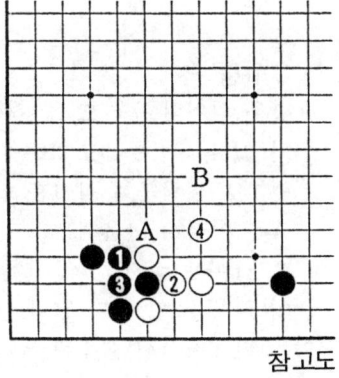

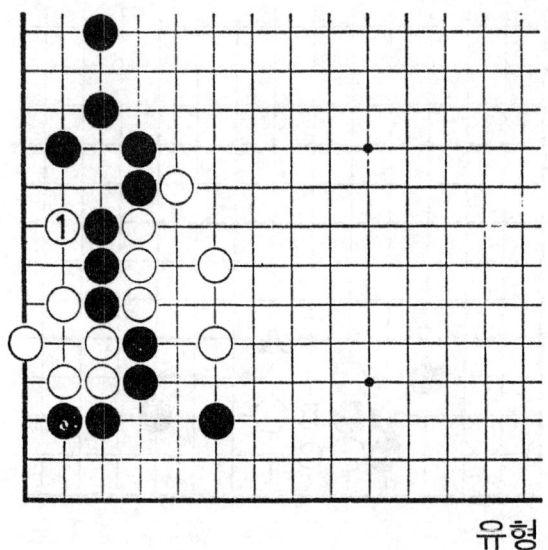

유형

◇ 유형 흑선

같은 의미의 수라도 그 형에 따라서는 누구라도 이해할 수가 있다. 이 문제도 그렇다.

백1로 끼워붙여 살기를 기하여 간다.

흑은 어떻게 받을까?

2도(바른 놓기)

이 백은 취할 수가 없다. 같은 살리기라면 선수를 취해야 한다. 따라서 흑1의 잇기가 정해이다. 백은 후수로 A로 이어 살릴 수 있게 된다.

선수·후수에 관하여

달리 호점이 있으면, 때로는 상당한 희생을 지불하더라도 선수를 취해야 할 것이다. 그러나 나중 일을 생각하면

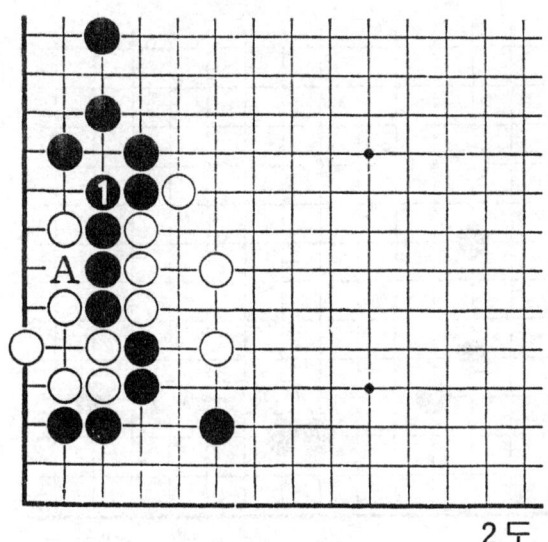

2도

후수로 참는 편이 좋은
경우도 있다.

◇ 후수를 끌지 않도
록 주의한다

참고도(단수)

보통은 흑1로 누르는
데, 여기에서 흑1로 누
르면 백에게 2·4로 이
어져 세 점이 단수가 되
어버린다.

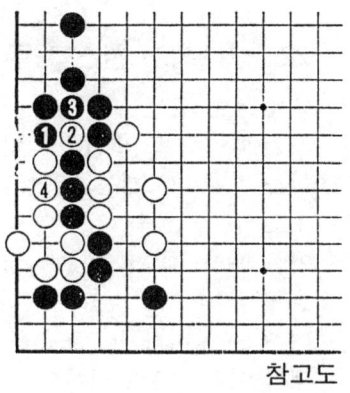

참고도

백은 2로 놓고 4로
대어 살고 있으나 흑은 세 점을 버릴 수도 없고, 후수가 되
어버린다.

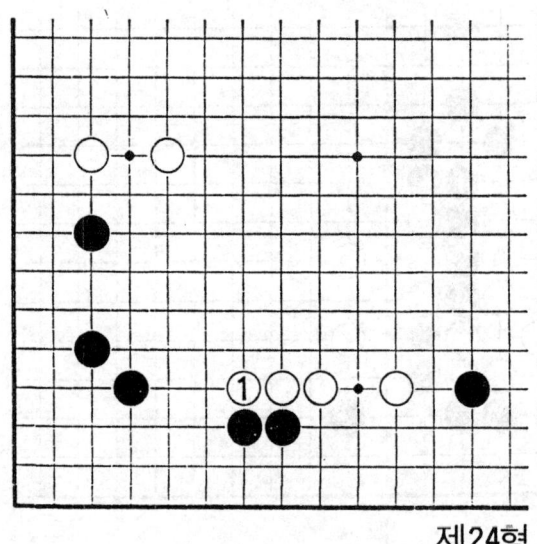

제24형

22. 상대에게 찬스를 주어서는 안된다

○제 24 형 흑선

지금 백이 1로 밀어온 참인데, 이 경우 흑은 어떻게 대응하는 것이 바르겠는가?

1도(당김 한 수)

이런 때는 잠자코 흑 1로 당기는 것이 좋은 것이다. 고집을 부려 흑 A로 젖히거나 하면 백에 1의 끊기를 허락하여 형을 정비하는데 도움을 주게 된다(참고도 참조).

백이 이어서 A로 밀어오면 이번에는 흑 B로 누를 수 있다.

상대에게 여유를 주거나 형을 정비하는데 도움을 주지 않기 위하여 이렇게 순순히 당기지 않으면 안되는 케이스

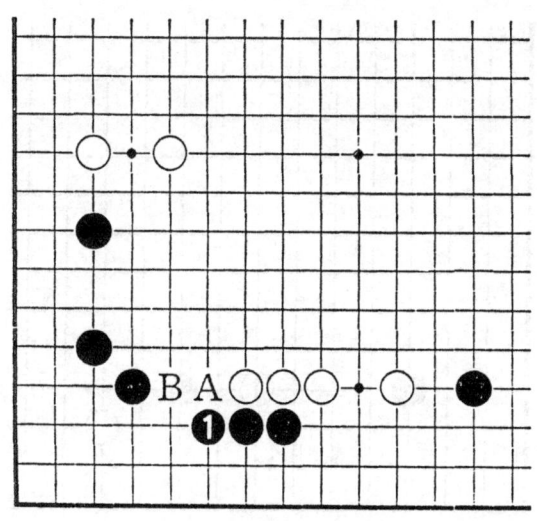

1 도

는 의외로 많은 것이다.

◎ 끊기에 주의

참고도(백 수습)

만일 흑1로 젖히면 백 2의 끊기가 강력해진다.

흑3 이하에서 백의 두 점은 취할 수 있지 않을 까—— 라고 생각하는 사 람도 있을 지 모른다, 그 때문에 백 6 의 단수를 선

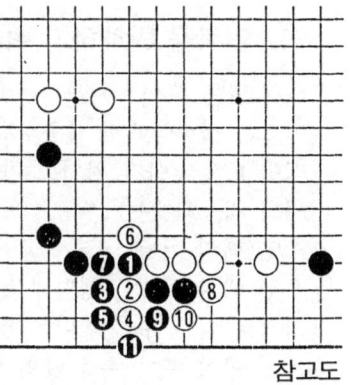

참고도

수로 이용하고, 게다가 백8 의 누르기, 그리고 백10 의 단 수까지 이용당하면 큰 손실이다.

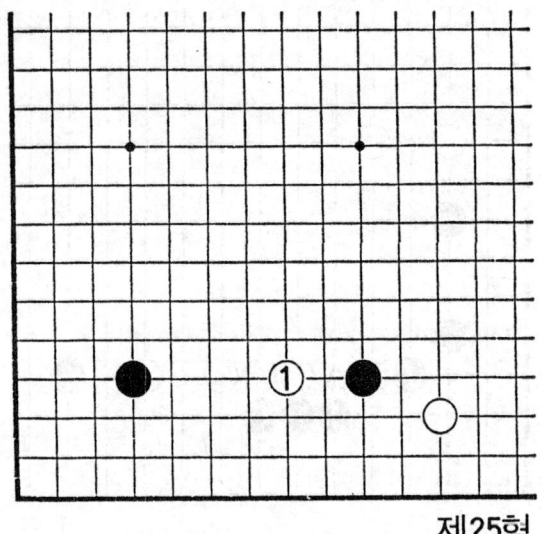

제25형

23. 연락을 방해하기 위한 연구

○제 25 형 흑선

이것은 접바둑에서 자주 나오는 형이다.

백이 1로 놓아져 왔다고 가정한다. 이것에 대하여 흑은 어떻게 대응하겠는가?

1도(백의 겨냥)

우선 백의 의도를 생각해 볼 필요가 있다. 도대체 무슨 생각으로 이런 수를 놓아온 것일까?

실은 만일 흑이 손을 빼면 백 A로 건너가 버리려는 것이다. 혹 한 점을 끼워 공격하려는 생각도 없지는 않을 것이다.

단순히 연락을 시키지 않으려면 흑 A로도 B로도 좋을

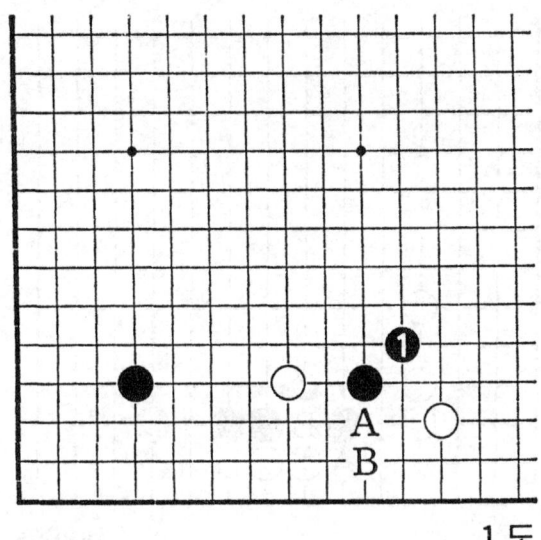

1 도

것이지만 흑으로써는 반격할 준비도 필요하다. 그래서 흑
1의 마늘모가 형이기도 한 것이다.

◇ 무책인 뛰기

1 도 흑1에 의해 백
A로 연락할 수 있는 것
은 각자 확인해 보기 바
란다.

참고도

언제나 뛰면 좋다 라
고 할 수는 없다. 이 흑
1로는 백2로 붙여지고
연락되어 버린다. 다음
에 흑A라면 백B이다.

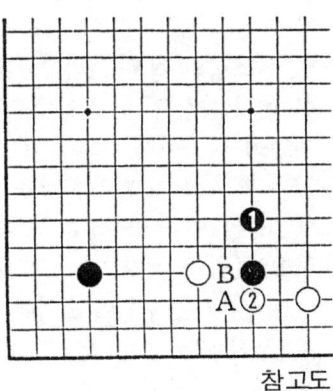

참고도

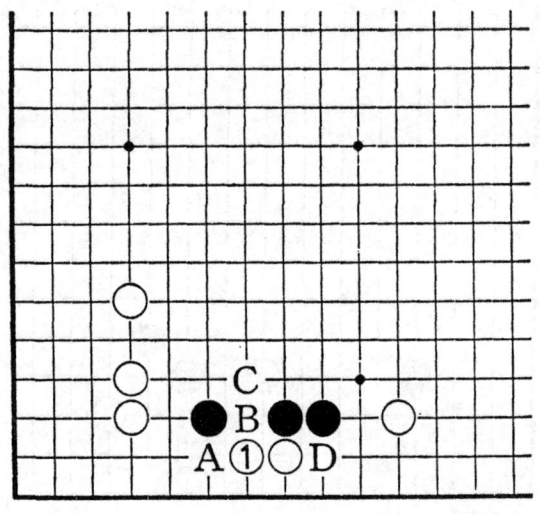

제 26형

○제 26형 흑선

상대의 연락을 방해하려는 데도 여러 가지 연구가 필요하다.

이 그림의 경우도 마찬가지이다. 백이 1로 뻗어 근거를 빼앗으려 온 참인데 흑은 어떻게 대응할 것인가——이것이 테마이다.

단 흑A로 차단되는 것은 백B, 흑C 때 백D로 오른쪽에 연락되어 흑은 결점 투성이가 되어 있다.

1도(바른 놓기)

이런 때는 흑1로 붙여대는 것이 좋은 맥이 된다. 보통은 붙여대는 수란 그다지 좋지 않은 경우가 많은데, 위급할 때는 어쩔 수가 없다.

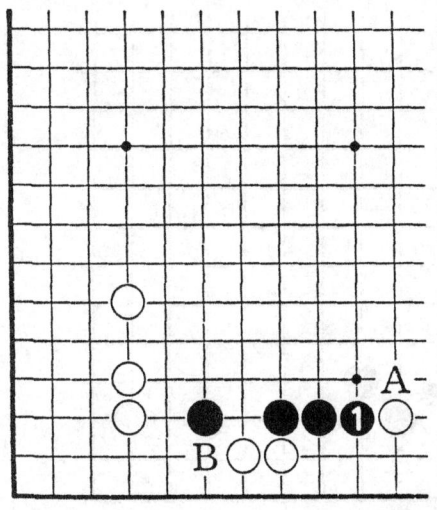

1 도

이 흑 1 에 대하
여 만일 백 A 로 세
우면 이번에는 흑
B 로 눌러 백의 두
점을 취해 두려는
것이다.

2 도 (변화)

백도 2 로 내고
4 로 건너게 될 것
이다.

그렇다면 흑은
5 로 젖혀 (흑 A 의
아래 젖히기도 있
으므로 그 상황에
따라 사용해 주시
오) , 흑은 어떻게
든 풀 수 있을 것
이다.

도중에 백 4 에
서 백 B 로 끊어주
면 일단 흑 4 로 누
르고, 백 C 때 흑 D
의 단수를 이용
하고, 흑 E 의 누
르기까지 선수로
살리게 된다.

2 도

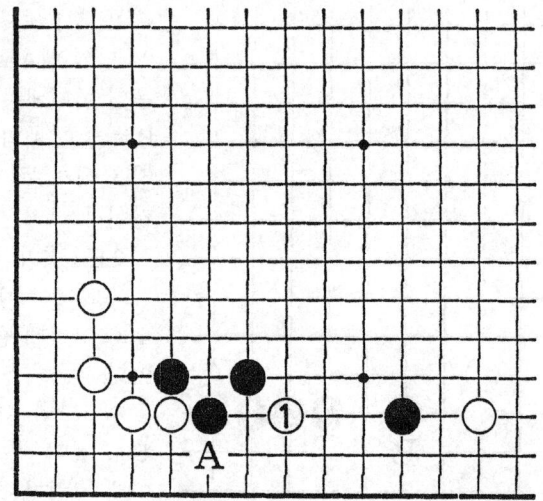

제27형

○제27형 흑선

이것은 맞바둑 정석(한 칸 높이 걸치기에 붙여당기는 정석)에 자주 나오는 형이다.

지금 백이 1로 놓아 들어오는 참인데, 이것에 대하여 흑은 어떻게 대처해야 할 것인가. 다만 백A의 건너기를 방해하는 수법——이라는 조건이다.

1도(마늘모)

흑1의 마늘모가 바른 수이다.

이것에 대해 백A의 누르기로 나오면 흑은 B로 밀어 백을 봉쇄한다.

다음에 백C의 젖혀나오기면 흑은 D로 끼워붙이는 맥으로 백을 가둘 수가 있다.

따라서 백도 이 다음, D나 E로 연구하여 일전 붙을 수

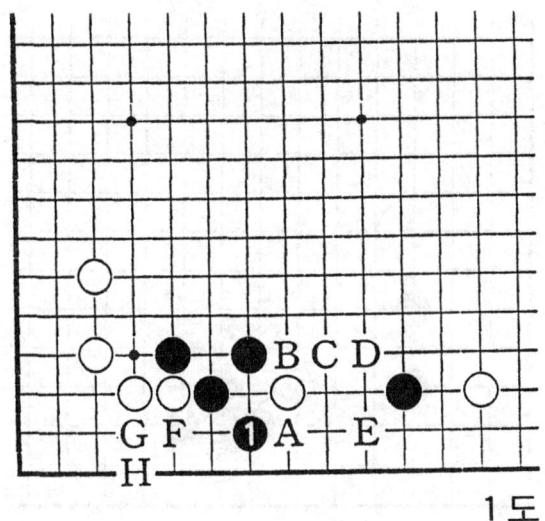

1도

가 있다.

또 이 흑1에는 이상의 내용 외에 장래, 흑F로 젖혀, 백G, 흑H로 선수로 크게 밀려오는 수도 있다.

◇ 무책 내림

참고도(건널 수 없다)

이 흑1의 내리기에서
도 일단 백의 연락을 방
해해 들어간다. 그러나 백
에 2로 밀어 올려지면
흑은 오른쪽과의 연락이
불가능하다.

이와 같이 돌이 좌우

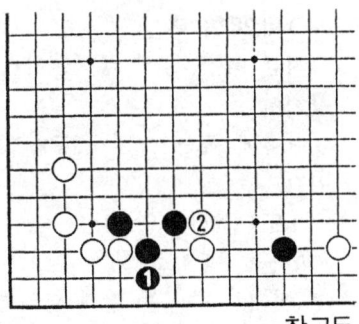

참고도

로 분단되면 양쪽의 돌을 동시에 막지 않으면 안됨으로 곤
란해짐은 말할 필요도 없다.

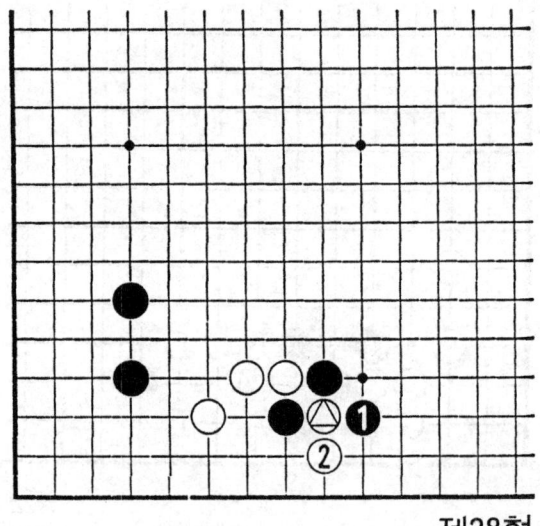

제28형

24. 우선 결점을 보수하는 일을 생각한다

○제 28 형 흑선

지금 백이 △에 끊어들어가 흑 1 의 단수에 백 2 로 내린 참이다.

다음에 흑은 어떻게 놓아야 할 것인가 하는 것이 테마이다.

1 도(단순한 잇기)

단순히 흑 1 로 잇는 것이 바른 놓기이다—— 라고 한다면 여러분 중에는 깜짝 놀라는 사람도 있을 것이다.

이렇게 결점을 보수해 두어 만일 백이 손을 빼면 흑은 A로 놓아 백의 두 점을 취해 버리는 것이다.

백도 그때 A 로 안는다(백 B, 흑 C 로 교환하여 백 A 로 안

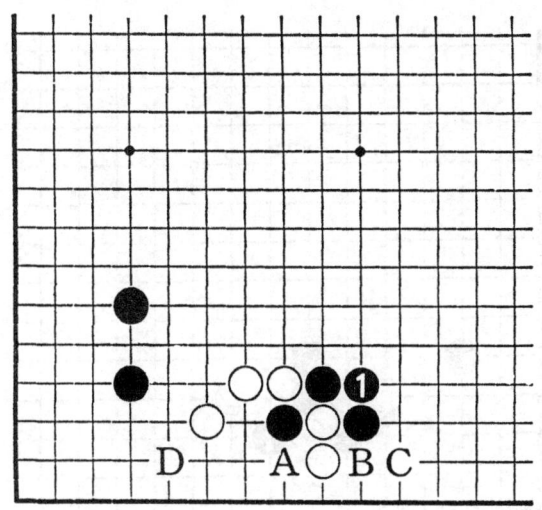

1 도

는 수도 있다). 흑은 선수를 잡아 D에 놓는 것도 유력.

◇ 속수에 주의

참고도(결점을 남긴다)

초보자는 혹 1 로 놓는
다. 이것도 선수라고 생
각할 수 있기 때문이다.
그러나 혹에는 A의 결
점이 남는다.

또 백은 2 의 앞에 백
B의 단수를 이용하여 혹

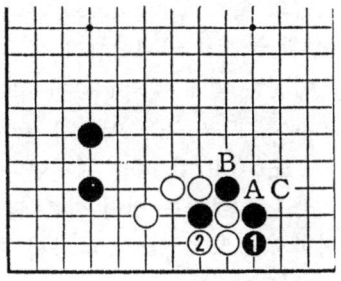

참고도

A, 백 2 로 놓을 수 있을 지도 모른다. 축 관계에 따라서
는 백A로 끊고 혹B로 교환하여 백 2 로 놓는 고등 전술
도 있다.

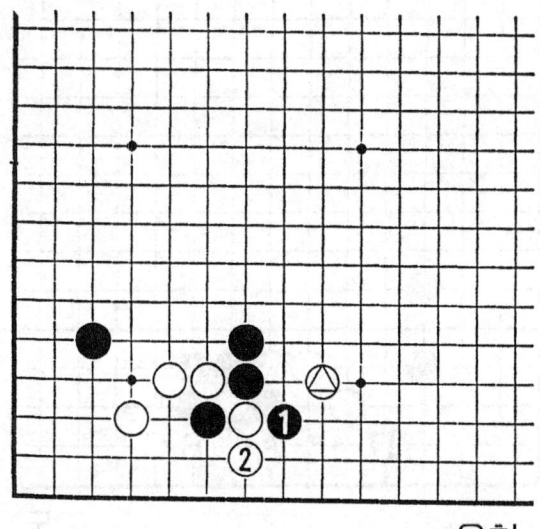

유형

◇유형 흑선

앞의 형과 주지는 거의 같다. 다만 주위의 상황에 따라서 뒤 놓기가 바뀌어간다.

이것은 옆에 백의 ⬠ 한 점이 있는 경우이다. 흑1, 백2 교환 다음 흑은 어떻게 놓아야 하는가?

2도(백의 한 점을 제지한다)

흑1로 젖히는 것이 바른 놓기이다. 역시 흑A의 두 점 취하기를 보고 있다. 따라서 흑1에 대하여 백은 A로 안는 정도이다.

그렇다면 흑은 B로 젖혀 올려지고, 백의 한 점의 사명을 제지한다.

어떤가? 멋진 맥이 아닌가? 이런 형이 되었을 때에 대개의 사람들은 흑1로 놓지 않고 흑C로 눌러, 백A로 교

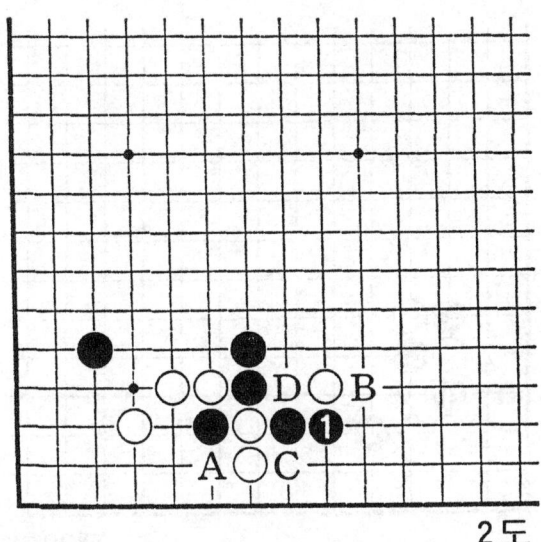

2도

환하여 흑D로 잇는 놓기를 한다. 이렇게 놓으면 후수로 흑돌 전체가 무거워진다.

◨ **분단된다**

참고도(전형과 다르다)

이번에는 흑1로 단순히 잇는 장면이 아니다.

백에 2로 뻗고, 흑3으로 누르면 백4의 끊기가 들어가 버리기 때문이다.

백2의 구부리기에서

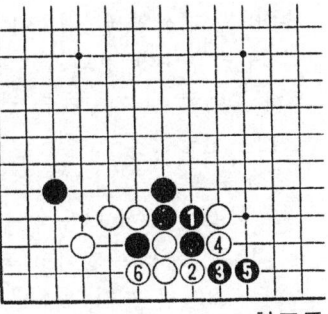

참고도

단순히 백6으로 안고, 백4의 붙이기를 겨냥하는 것도 유력하다.

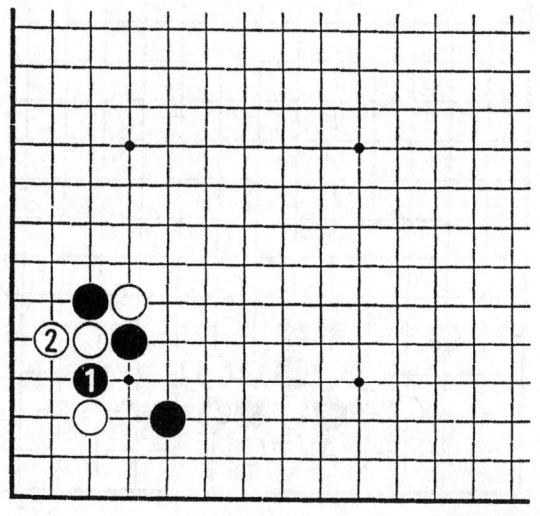

제29형

25. 축을 겨냥하는 맥

○제 29 형 흑선

맞바둑 정석의 한 변화이다.

흑 1 로 단수, 백 2 와의 교환까지는 좋은데, 이때 흑은 어떻게 놓아야 할 것인지를 생각한다.

1 도(단순히 뻗는 형)

흑 1 로 뻗는 것이 맥이다.

즉 이렇게 하여 다음에 흑 A의 축을 보는 것이다. 흑 1 에 대하여 백 B로 건너면 흑 A로 안는다.

백이 그것을 꺼려, 흑 1 에 대해 백 C로 안으면 흑 B로 붙여내어 간다.

바둑에서는 이 형과 같이 축 관계를 이용하여 잘 놓아 맥이 유효해지는 경우가 적지 않다.

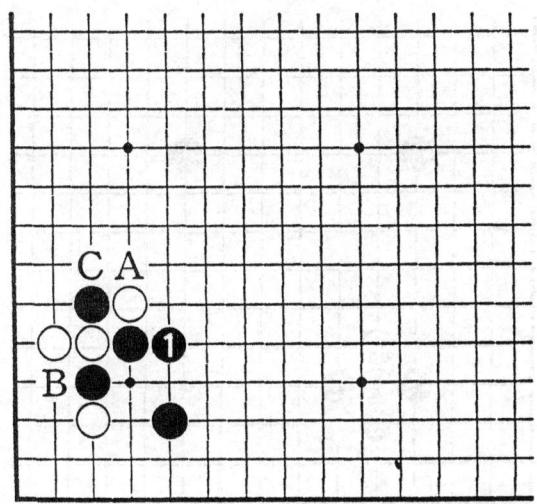

1 도

◇축이 나쁜 경우
참고도 (변화)

만일 축 관계가 흑에
있어서 바람직하지 않은
경우 흑1로 단단히 잇
는 것이 정석으로 되어
있다.

백2 이하 흑11까지
처럼 싸우게 된다.

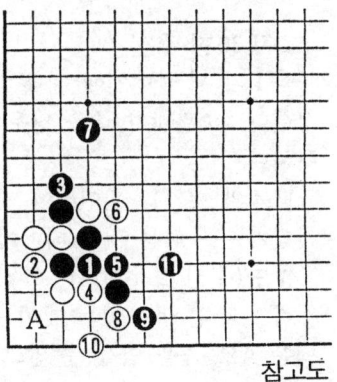

참고도

다만 도중 백8·10의 젖혀 잇기에서는 단순히 백A로
급소에 놓아 살리고 있는 경우도 있다.

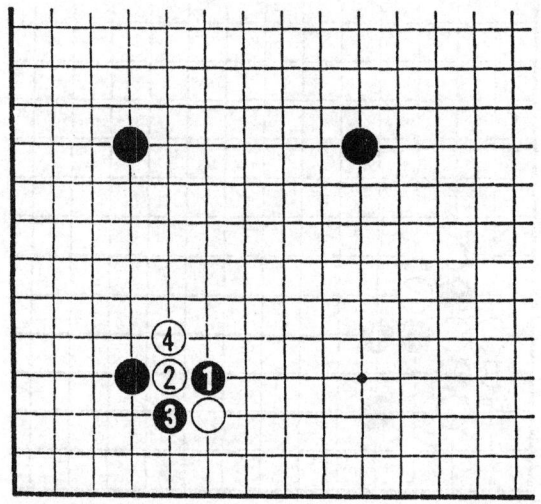

제30형

26. 축이 좋은 경우의 결정 방법

○제30형 흑선

흑1의 위 붙이기에 대해 백이 2로 젖혀 들어갔다고 상정한다. 축관계가 좋은 경우에는 흑3에서 끊는 것이 강력하다.

백4의 뻗기는 필연적인 것이고, 이때 흑은 어떻게 놓을 것인가—— 하는 것이 테마이다.

1도(우선 보수한다)

흑1로 근원을 잇는 것이 중요하다. 이것으로 백은 곤란. 백은 A로 축을 안을 수 없으므로 2분되어 돌의 양쪽을 풀지 않으면 안되기 때문이다.

이 1의 결점을 보수도 하지 않고 흑B로 놓거나 하는 것은 싸움 방법으로써 가장 졸렬한 방법이라고 할 수 있다.

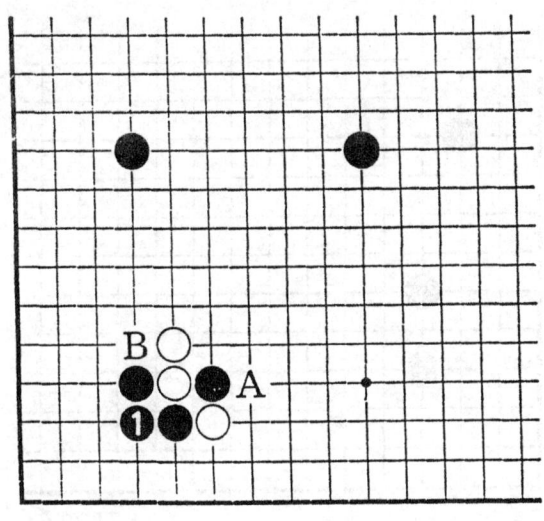

1 도

◇ 좋지 않은 놓기의 대표적인 예

참고도(백을 안정시킨 다)

마음이 약한 사람은 언제나 단수를 걸고 싶어 한다.

이 흑1 등은 악수의 본보기인 것이다. 백에 2 로 뻗게 하고, 흑 자체에

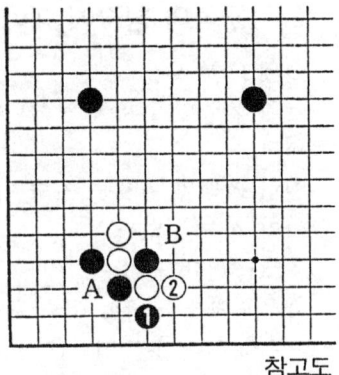

참고도

는 A의 결점이 남아 있다. 그리고 흑A로 틈을 이으면 이 번에는 축이 아닌 백B로 장문에 잡혀 백을 안정되게 한 다.

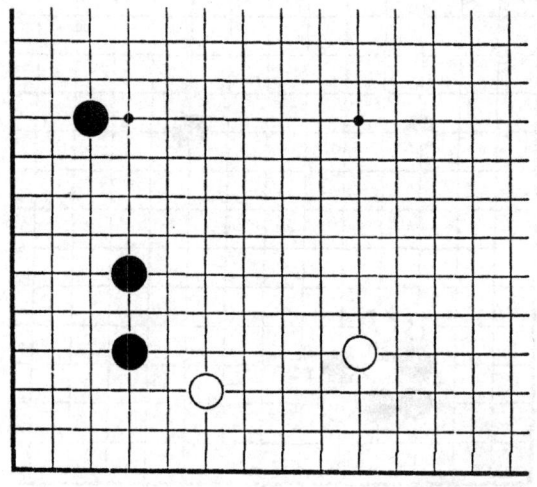

제31형

27. 구석의 침략에 대비해 상대를 겨냥한다

○제31형 흑선

돌의 싸움만이 바둑은 아니다. 대국관을 키우는 일도 중요하다.

이런 흑백의 관계는 자주 나온다. 이럴 때 흑은 어떻게 놓아야 하는 것인가?

1도(한 칸 뛰기)

흑으로써는 단순히 1로 뛰어 백의 구석 침략에 대비하는 것이 좋은 놓기이다(다만, 흑1에서는 흑B로 나란히 놓는 견실한 방법도 있다).

또 이 흑1은 단순히 구석을 지킬뿐 아니라, 다음에 흑A로 놓아 넣는 수를 보고 있는 것이다. 만일 백이 그것을 꺼려 C로 지키면 흑은 선수로 구석을 지키게 되는 것이다.

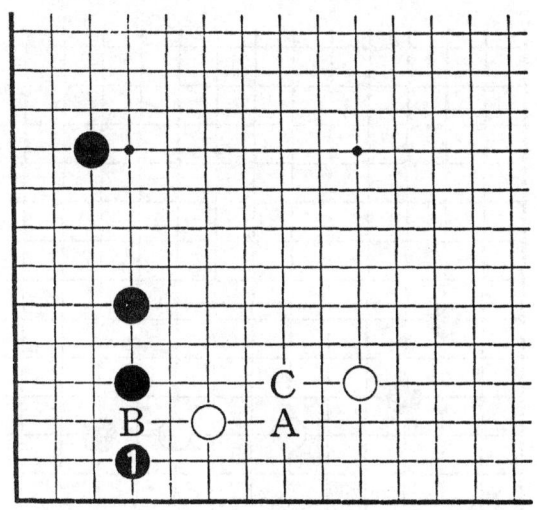

1 도

◇상대에게 호형을 준
다

참고도 (나쁜 버릇)

자주 흑1로 마늘모 붙
이기를 하는 사람을 볼
수 있다. 이것으로 구석
을 지킬 생각인 것인가?
이렇게 놓는 것은 백으로
하여금 A의 3·3 넣기

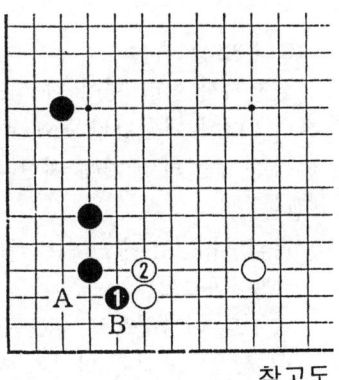

참고도

를 노리게 만들고, 게다가 백에게 2립 3석의 호형을 제공하
여 좋지 않다. 그렇다고 흑B로 내리는 것은 후수를 당겨 버
린다.

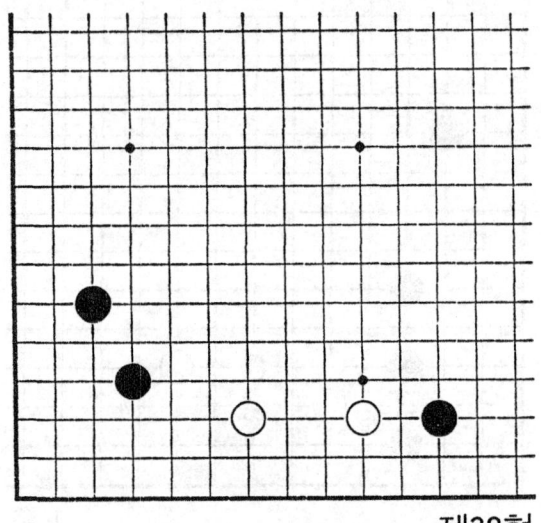

제32형

○제 32 형 흑선

실전에서 이런 형이 나오는 경우는 그다지 없을 지도 모른다. 백이 어중간한 곳에 배치되어 있기 때문이다.

다만 구석의 놓기에 대한 감각을 키우게 하기 위하여 실었다.

흑의 다음 한 수는 이미 알았을 것이다.

1도(마늘모)

흑 1 로 대각선으로 놓는 한 수이다.

이것으로 구석을 단단히 지키고, 백의 두 점으로의 공격을 보고 있다. 이 흑 1 을 놓지 않고 있으면 백부터 A의 눈목자로 달린다. 백 A가 되면 백도 느긋하게 공격할 수 있어 불안도 없어지고, 게다가 구석의 흑의 땅이 작아져 버린다.

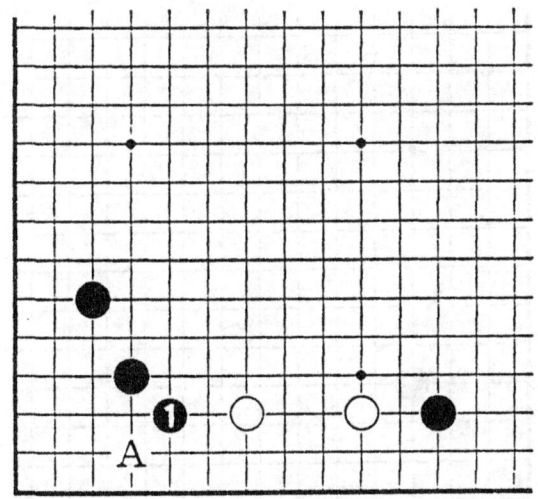

1 도

백돌이 옆에 없어도, 흑1과 대각선으로 놓는 것이 좋은 놓기가 되는 경우가 꽤 있다는 것을 알아두도록 한다.

◇소극적으로 놓는 방법

참고도(영향이 없다)

자주 흑1로 놓는 사람을 볼 수 있다. 1도 흑1의 마늘모로는 아직 구석이 걱정이라는 뜻이다.

그러나 이 흑1로는 백에게 영향을 줄 수 없다.

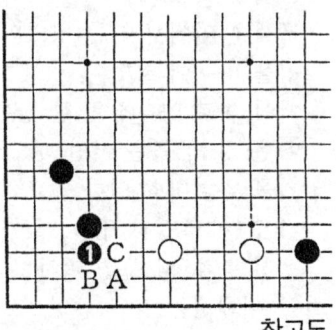

참고도

무슨 말인가 하면, 백부터 A로 달리고, 흑B에 백C로 놓을 여지가 있어 백 두 점은 편하다는 뜻이다.

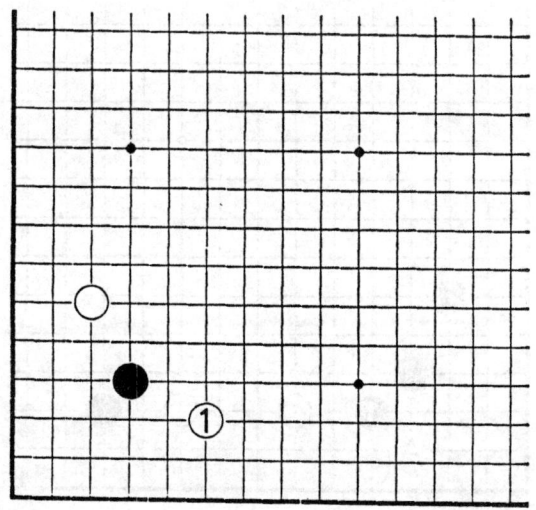

제33형

28. 봉쇄를 피하는 마늘모 내기

○제 33형 흑선

구석에 있어서 놓는 방법의 기본으로써, 화점으로의 양걸침을 다루어 보았다.

백이 1로 양걸침을 한 참이다.

이런 경우, 흑은 어떤 태도로 임하면 좋은가 하는 바른 놓기를 나타내고 있다.

1도(마늘모 내기)

우선 봉쇄(백 1)를 피하는 것이 제일 먼저 할 일이다. 그를 위해서는 흑은 중앙으로 나가지 않으면 안된다. 이 흑1의 마늘모 내기가 가장 견실하다.

그것을 흑A 등으로 놓거나 하는 사람이 있는데, 그것은 백1의 건너붙임을 겨냥당해 좋지 않다.

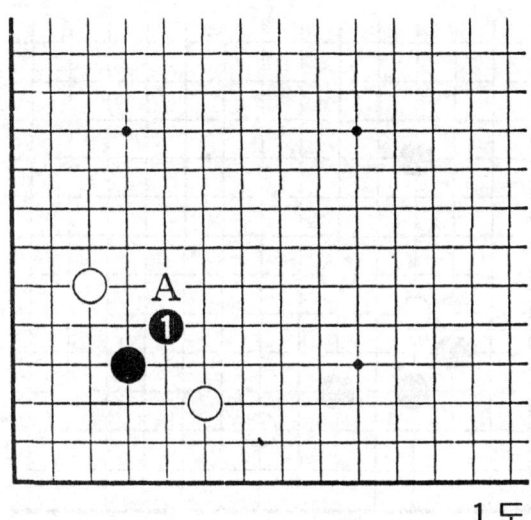

1도

◇ 구석에 구애된다

참고도 (악수의 대표적
인 예)

백에게 양쪽으로 걸쳐
져서도 아직 구석의 흑
의 땅에 구애되는 사람
이 있다. 예를 들면 이
흑1 이하 등이 그것이
다.

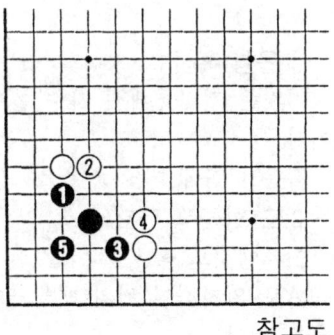

참고도

3수나 사용하여 이런 작은 흑의 땅을 확보해도 바둑에
서는 이길 수 없다.

그럼에도 불구하고, 게다가 백에게 2·4로 세울 기회
를 주어 백을 강화시키면 죄는 한층 무거워진다는 것을 알
아야 한다.

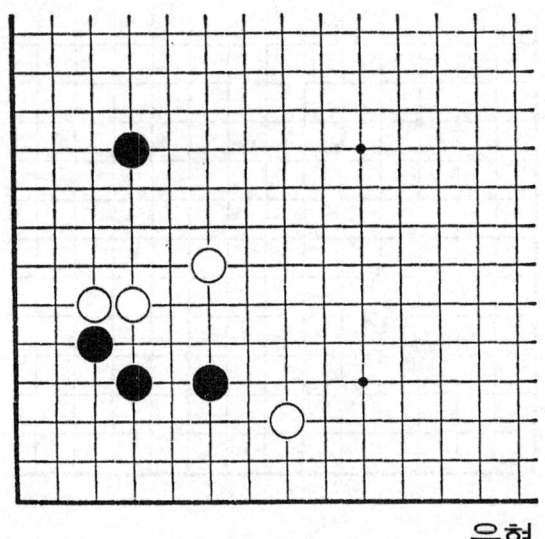

유형

◇유형 흑선

이것은 접바둑에서 자주 볼 수 있는 초반전의 한 국면이다.

흑은 다음에 어떻게 놓을까?

2도(마늘모 뛰기)

여기에서도 흑1로 마늘모 내는 것이 보통이다. 때로는 흑A로 의지하여 위의 백을 크게 공격하는 편이 좋은 경우도 있다.

그러나 이 그림에서는 백B로 젖혀져 아래의 백이 강화되기 때문에 의문이다.

붙이는 것의 불이익

언제든지 어느 때나 상대의 돌에 붙여가는 사람이 있다. 떨어져서 놓는 것이 불안한 것일까?

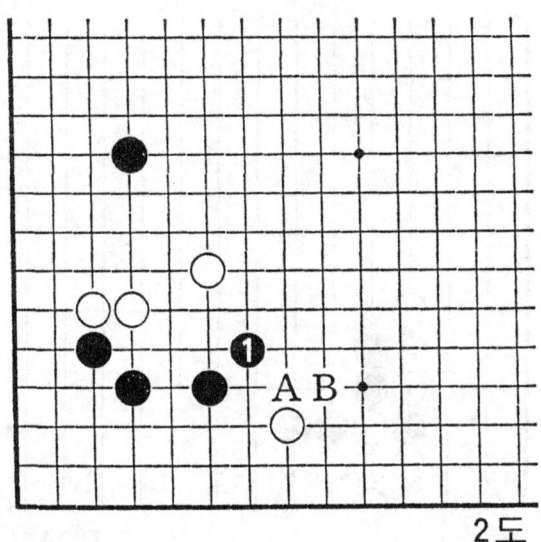

2도

◇ 봉쇄당하다

참고도 (중앙의 싸움에 마이너스)

여기에서도 마찬가지로 구석에 구애되면 좋지 않다.

예를 들면 흑1의 내리기인데, 백에 2로 봉쇄되면 이 다음 중앙에

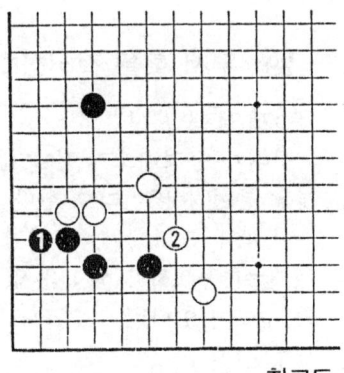

참고도

서의 싸움에서 이길 승산은 없을 것이다.

우선 중앙으로 나가 백을 상하로 분단시킬 방법을 생각해야 한다.

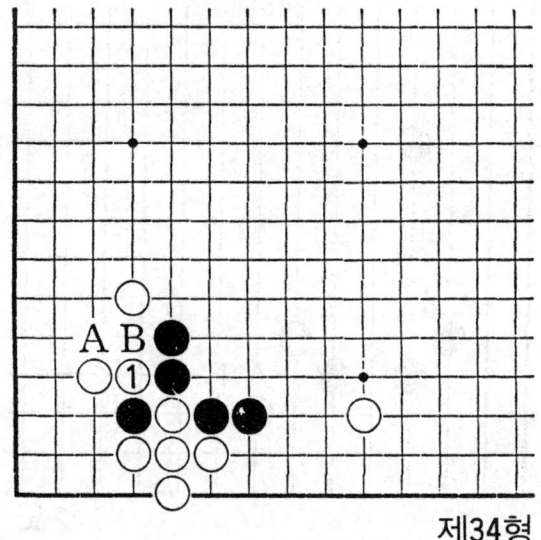

제34형

29. 우선 형을 정비한다

○제 34 형 흑선

상대가 공격해오기 전에 자신의 돌의 형을 정비해 두는 것을 본형(本形)이라고 한다.

이 백 1 도 그렇다. 흑의 한 점을 취하여 화근을 끊어두는 것이 중요하다(백 1 을 없애고 있으면 흑 A, 백 B, 흑 1 의 수단이 있다).

1 도 (묘수)

이 형은 백부터 곧 A로 끊어도, 흑 1 로 장문에 걸린다.

그러나 백부터 1 로 빼면 흑 전체의 돌이 이상해진다.

이것을 '무거워진다' —— 라고 표현하는데, 그 전에 흑 1 로 형을 정비해 두는 것이 소위 묘수인 것이다.

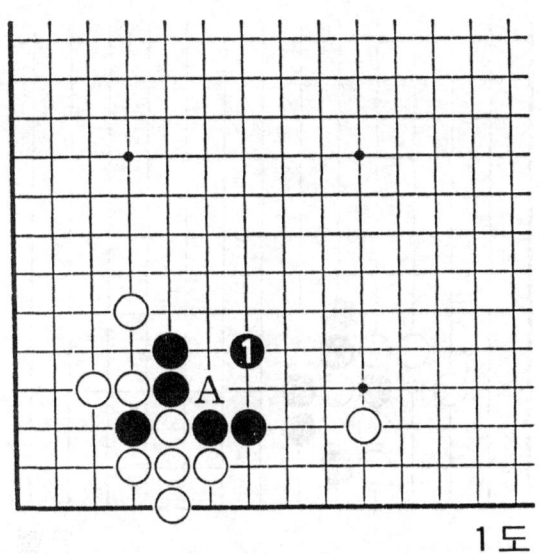

1 도

◇ 강렬한 빼기

참고도(역시 무겁다)

예를 들면 흑 1로 놓았다고 하자. 이 수 자체, 백의 강한 돌에 붙어놓고 있기 때문에 상당한 문제가 있다. 게다가 백 2로 빼지면 흑 전체의 눈모양조차 이상해져 버

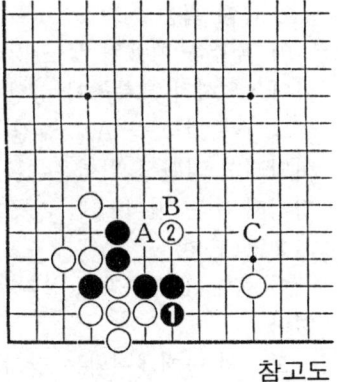

참고도

리는 것이다. 흑A로 이었다 해도 장래 백B나 백C를 생각할 때 상당히 위험한 돌이다.

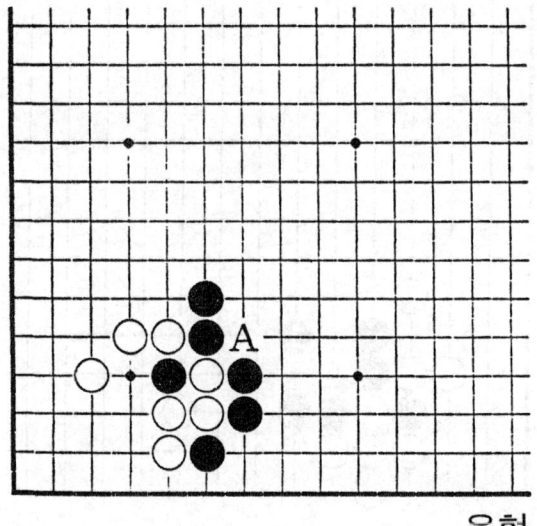

유형

◇유형 혹선

이 혹돌은 백 A의 끊는 맛을 빼면 그다지 약한 돌은 아
니다. 오히려 오른쪽이 상당히 두꺼운 벽으로 되어 있다.

그러나 지금 곧 A로 끊길 걱정은 없다고 해도, 싸움에
휘말리면 절단될 위험은 있는 것이다. 그래서 우선 형을
정비해 두는 편이 좋은 경우도 있는 것이다.

2도(본형)

이 혹1이 묘수라고 불리우는 수로, 이것이라면 걱정은
없다.

포석의 단계에서와는 달리 호점이 있으면 아뭏든 가능
한 빠른 시기에, 비록 후수라도 이렇게 한 수 걸어두도록
하는 것이 중요하다.

이렇게 하면 오른쪽, 중앙에 대해서 두꺼운 맛을 충분히

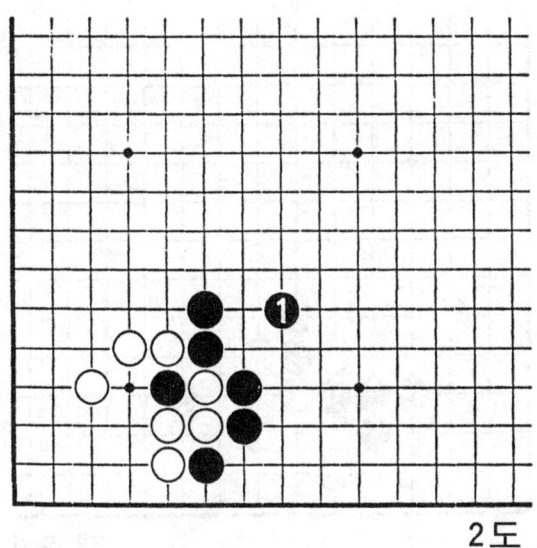

2 도

살릴 수 있을 것이다.

◇ 고리 모양

참고도(걸쳐 잇기)

다만 잇기만 할 것이라면 이 흑1의 걸쳐 잇기도 좋다. 그러나 이 경우 2도에 비해 중앙에서 일보 후퇴해 있다. 그만큼 중앙으로의 움직임이 둔해진다.

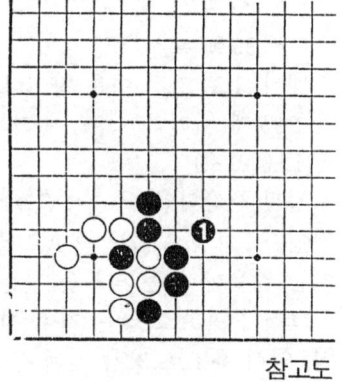

참고도

그 차이를 감각적으로 알 수 있게 되면 되는 것이다.

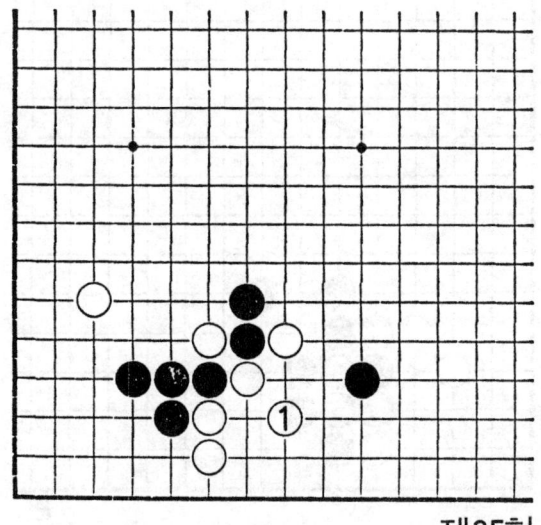

제35형

30. 장문에 걸쳐 취하는 맥

○제 35 형 혹선

백이 1로 걸쳐 이은 참이다. 이런 경우에 혹은 이 주변을 어떻게 처리하는가—— 하는 테마이다.

1도(묘수)

얼핏 생각하면 이 혹 1은 매우 미지근한 수처럼 생각될 것이다. 그것 보다도 혹 A로 놓아 백을 공격하는 편이 좋지는 않을까 하는 의문을 갖는 사람도 있을 것이다.

그러나 혹 A로 놓는 것이 상당히 유력한 수가 아닌 이상, 역시 혹 1로 걸쳐 취해 두는 편이 좋을 것이다. 이것도 묘수의 한가지이다.

이렇게 하여 화근을 끊어두면 나중에 마음껏 싸울 수가

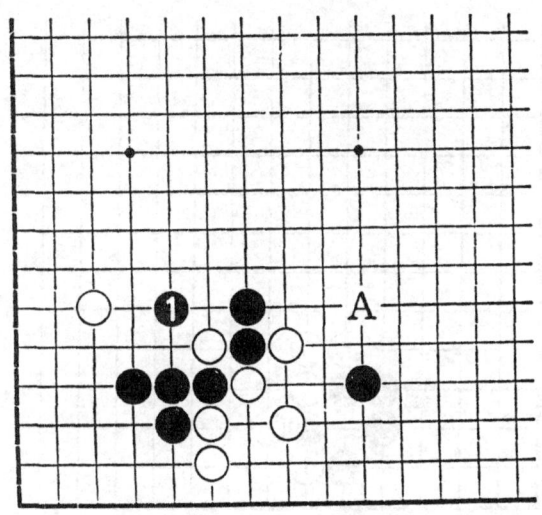

1 도

있다.

◇ **초보자의 나쁜 버릇**
참고도(반대로 얇아진
다)

혹 1로 놓고 싶어진다.
그러면 윗쪽이 두꺼워지
기 때문이다. 그러나 잘
생각해 보면 백에 2로
뻗쳐 반대쪽 ●의 한 점
이 얇아져 있는 것이다.

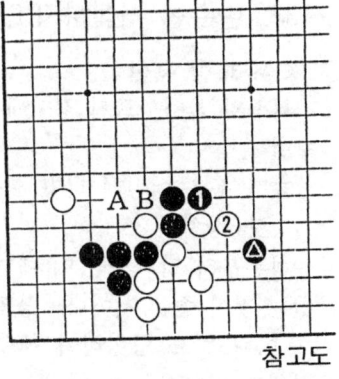

참고도

게다가 아직 백에서 A나 B로 움직여 낼 여지가 있어 이
만큼 위험한 놓기도 없다.

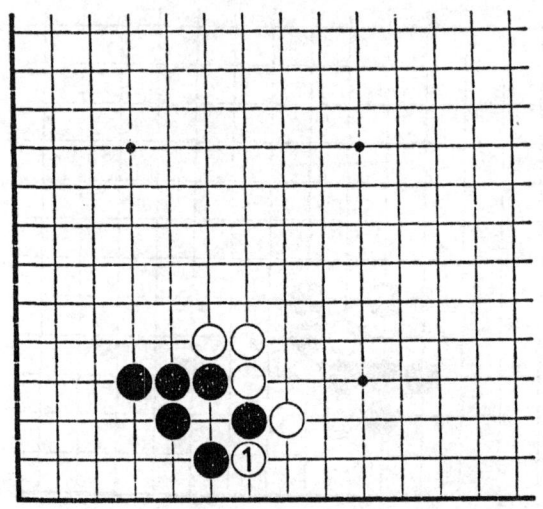

제36형

31. 단수를 걱정하지 않는다──패

○제 36 형 흑선

화점의 붙여누르기 정석에서 생긴 형이다. 백이 1로 단수했다.

그럼 흑은 어떻게 하면 좋은가──하는 테마이다.

1도(방치)

결론부터 말하자면, 이 때는 방치하여 흑1로 준비하고 있는 것이 좋은 것이다. 당황하여 이을(참고도 참조)상황도 아니고, 또 당황하여 흑A로 끊어 패 싸움으로 가져갈 상황도 아니다.

만일 흑A로 끊어 백B로 취해져 이 패에 지면 상당한 손해를 입게 된다. 패 재료가 풍부해질 때까지 느긋하게

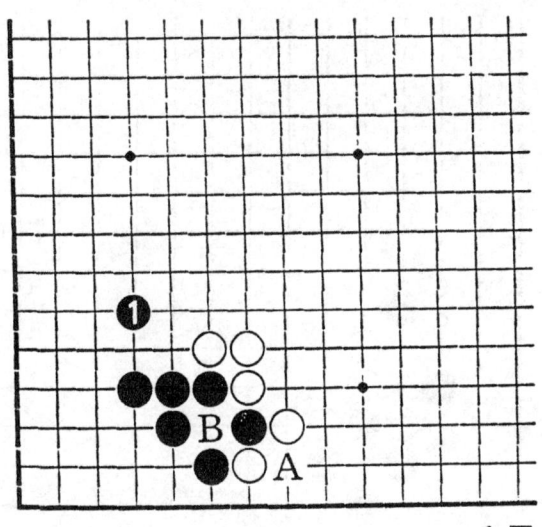

1 도

준비하기 바란다.

◇경단

참고도(패를 두려워한
다)

설마 흑1로 잇는 사
람은 없을 것이라고 생
각하지만, 여기에 한 수
걸치는 것만으로도 흑은

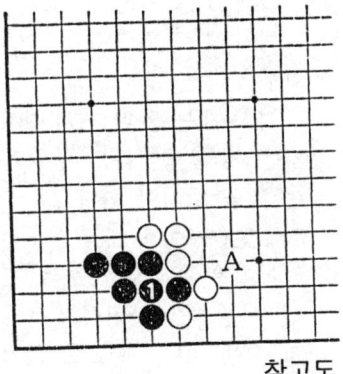

참고도

패배를 각오하지 않으면
안될 정도로 심각한 것
이다. 흑1로 경단이 되었다.

백은 A로 걸쳐 잇는 정도로 충분하다.

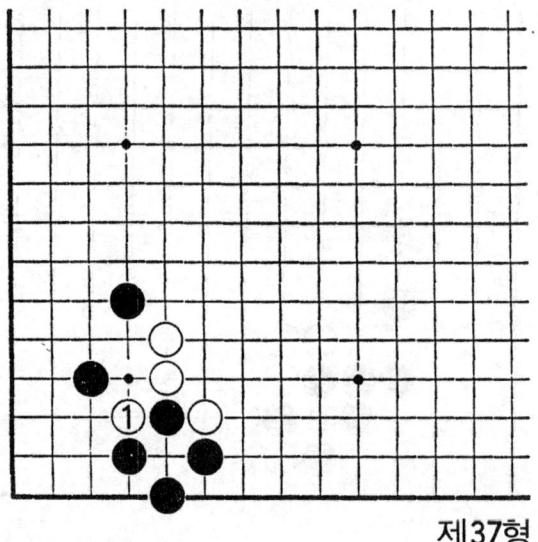

제37형

○제 37 형 흑선

백이 1로 단수했다. 그럼 흑은 어떻게 대처해야 하는
가?

이 문제는 앞의 형과 대비시키기 위하여 실은 것이다.
같은 패의 형이라도 주위의 상황에 따라서 전혀 달라진다
는 것을 알아야 한다.

1도(잇는 한 수)

이것은 흑1로 잇는 한 수이다. 이렇게 단단히 이어두
면, 나중에도 안심하고 놓을 수 있다. 우선 백에서 A로 나
갈 수는 없다. 흑B로 끊기기 때문이다. 또 흑은 C로 젖
힐 여지도 남아 있다.

이 흑1로 잇는 형은, 앞의 형 참고도와 달리 경단이 아
니다. 한 점을 뺀 형이기 때문에 형으로써도 단단하다고

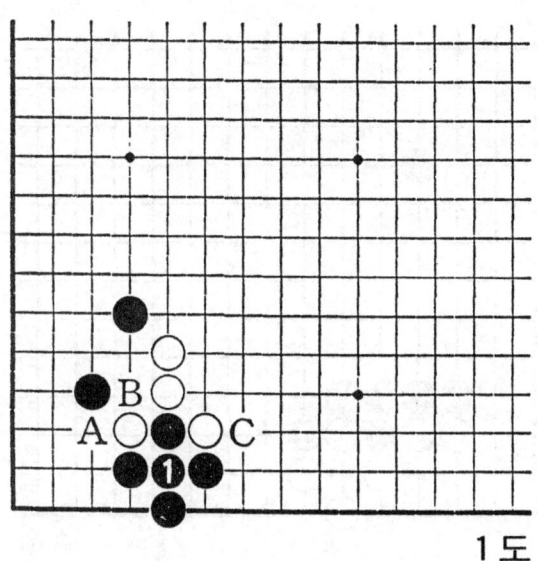

1도

할 수 있다.

◇ 강인한 패 싸움

참고도 (위험)

흑 1로 끊는 것은 무모하다. 특히 초반에서는 백에 2로 취해진 다음 흑이 어디에 패 세우기를 하려 해도, 백에게 2의 위를 이어져 버린다. 이 주변에 놓은 흑

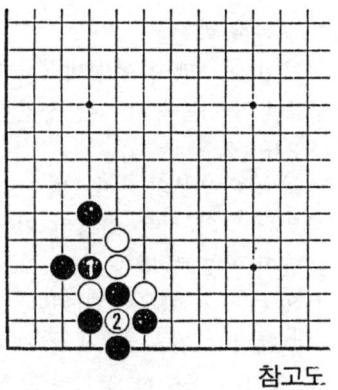

참고도

여섯 점이 모두 뿔뿔이 흩어져 버리므로 좋지 않다.

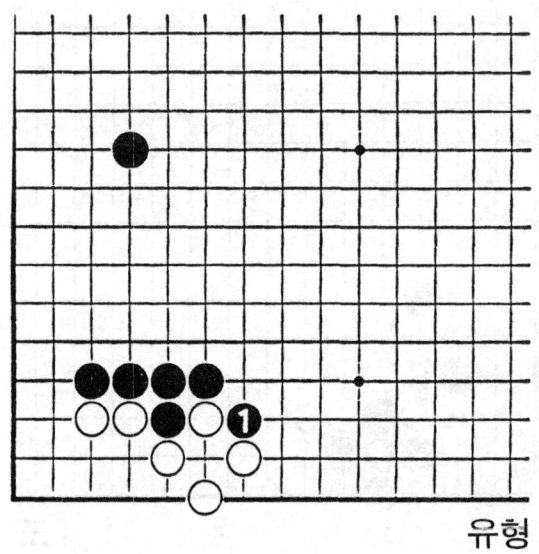

유형

◇유형 백선

이번에는 백이 어떻게 놓으면 좋을까 하는 문제이다.

흑1의 단수는 이 한 수인데, 백은 어떻게 해야 할까?

2도(견실)

역시 대부분의 경우 백1로 단단히 이을 것을 권한다. 이로써 백의 형은 안정된 형이 되기 때문이다.

단지 흑2로 뻗는 수가 모양을 넓혀 멋진 수가 되기 때문에 그것이 마음에 걸린다.

그러나 그것도 잘 생각해 보면 예정된 과정으로, 이 백1 잇기는 훌륭한 놓기라고 할 수 있다.

그러나 혹시 백이 반발하면 어떻게 되는지 그 편을 참고도로 확인해 둔다.

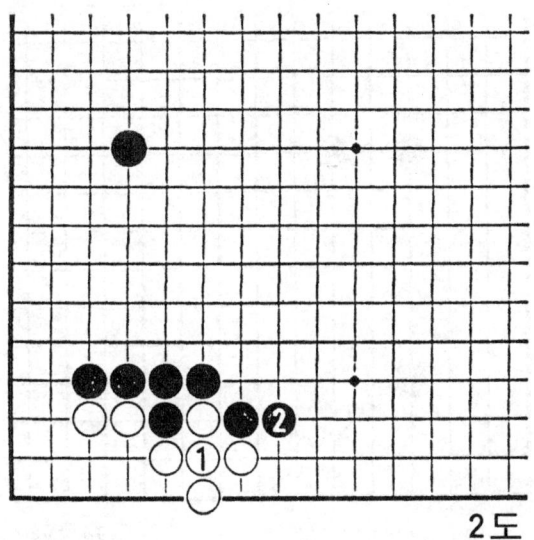

2 도

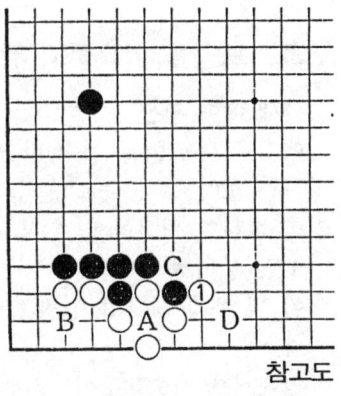

참고도

◇ 버티기는 어떤가

참고도(패의 재료 버티기)

즉 2 도 백 1 에서 이렇게 백 1 로 반발하면 어떻게 되는가 —— 하는 것이다. 흑 A 패 취하기, 그래서 백 B 로 패이면 패는 그만두는 편이 좋은 것이다. 백으로써는 어디까지나 패로 버티고, 흑에 C 로 붙게 하여 백 D 로 정비할 수 있으면 그것은 성공이라고 할 수 있을 것이다.

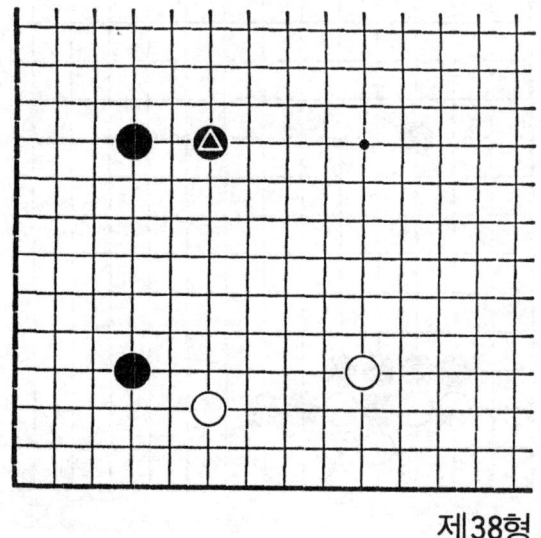

제38형

32. 모양을 확장하기 위한 위 붙이기

○제38형 흑선

이것은 제31형과 아주 비슷하다. 그러나 ●의 뛰기가 있다는 점이 크게 다르다. 즉 흑으로써는 윗쪽의 한 칸 뛰기를 살리기 위하여 크게 모양을 확장하려는 것이다.

1도(붙여뻗기)

이 때 우선 생각할 수 있는 것이 흑1·3의 붙여뻗기이다.

앞에서도 서술했듯이, 상대에게 붙이는 것은 상대를 굳히는 것도 되지만, 이 국면에서는 모양을 확장하는 것이 급선무이다.

모양을 확장하기 위한 유력한 기법의 한가지로써 붙여

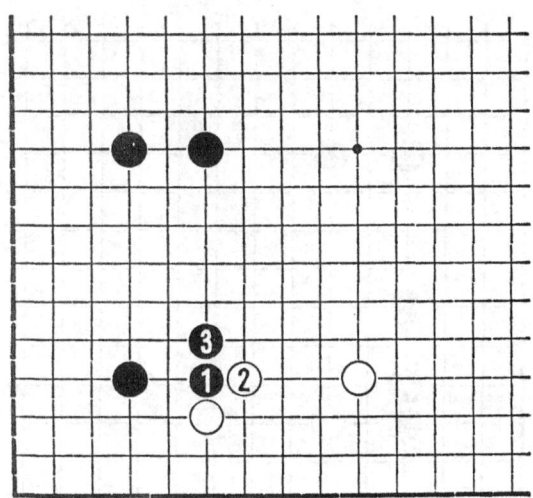

1 도

뻗기를 놓는 수가 있다
는 것을 기억해 두기 바
란다.

◇ 스케일이 작다

참고도(모양의 쟁점)

혹 1로 대응하면 백 2
의 뻗기가 호점이 된다.
혹 모양의 스케일이 작
아지고, 반대로 백 모양
이 커져가는 것이다.

부분적으로는 혹A가
호점이지만 1도와 비교

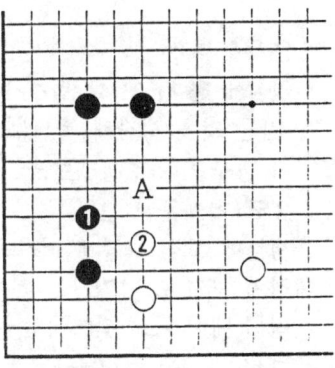

참고도

하면 모양으로써는 상당히 작은 것이 된다. 백부터의 A
는 역시 호점이다.

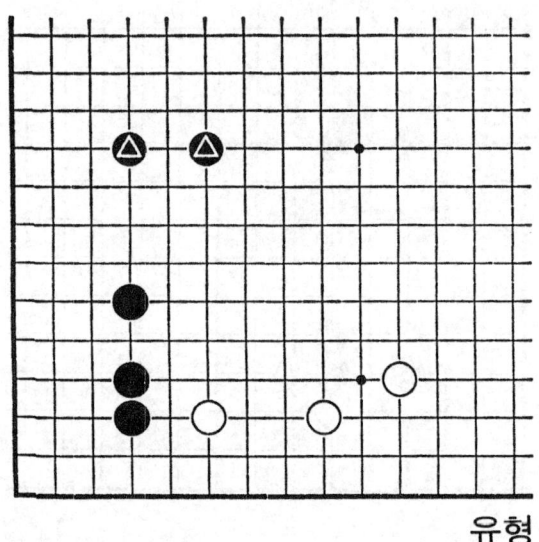

유형

◇유형 흑선

윗쪽에 ●의 한 칸 뛰기가 있는 상황에서는 우선 모양을 만들 것을 생각해 볼 필요가 있다.

이 경우는 어떻게 할까.

2도(어깨부터 간다)

생각해 보면 그렇게 어려운 수가 아니다. 제3선의 백에 대하여 혹1로 가져가는 것이 맥이다.

만일 백이 A로 뻗어내면, 혹은 B로 붙여낸다.

그리고 다음 그림——

3도(위 붙이기)

백2로 대응하는데, 혹은 이어서 3으로 붙이는 것에 의해 모양이 상당한 것이 될 것 같다.

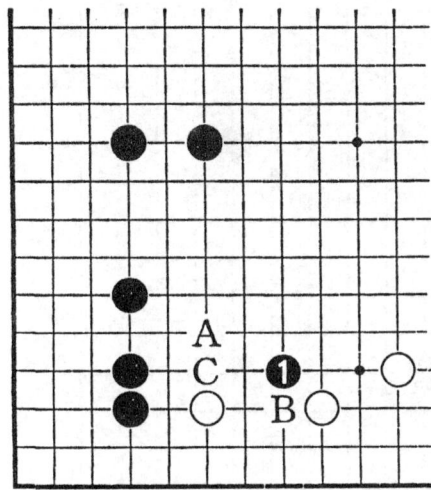

2 도

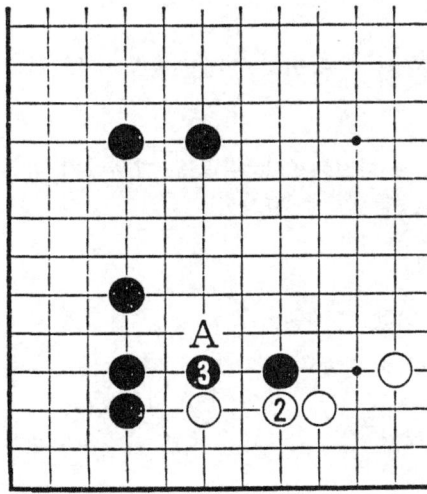

3 도

이상 2도 흑1
의 어깨붙이기에
서 3도 흑3의 위
붙이기는 일련의
맥이다. 결코 그
렇게 어렵지는 않
으므로 꼭 머릿속
에 넣어두어 실전
에서 활용해 보도
록 한다.

덧붙여 두겠는
데, 3도 백2에
서 백A로 반발하
여, 만일 흑이 곤
란한 상황에서는,
그 경우는 흑C로
붙여가는 등, 다
른 방법을 채용해
야 한다.

이런 판단력을
키우기 위해서라
도 실전 경험을 쌓
는 것은 중요하다.

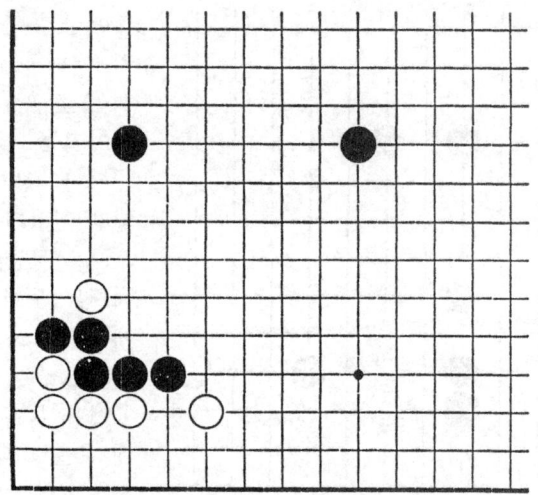

제39형

33. 모양을 확장하기 위한 날일자

○제 39형 흑선

접바둑이다. 윗쪽의 화점에 있는 흑돌을 활용하기 위해서도 꼭 모양을 확장하고 싶은 상황이다.

이런 경우의 상법이 있다.

1 도 (날일자)

흑1의 날일자가 정해이다. 이것은 단순히 모양을 확장할 뿐만 아니라, 다음에 흑A로 붙여 백을 압박하는 수를 단련시키는 것이다.

이것에 대해서는 백도 부분적으로는 A로 나란히 받는 것이 형이다.

백A로 형을 정비, 다음에 백B의 건너 붙이기, 또는 백C

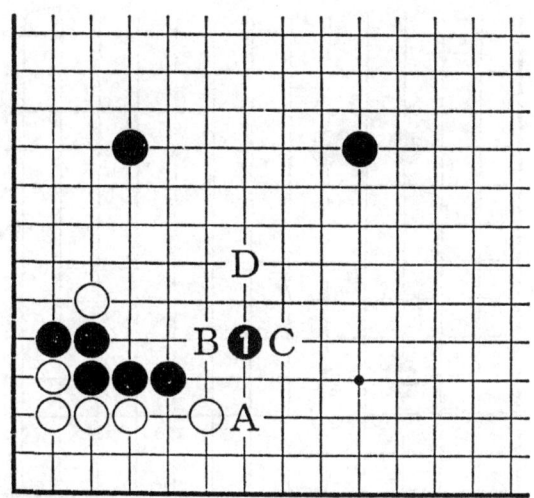

1 도

의 밖 붙이기, 백 D로 끼
워가는 듯한 수를 보는
것이다.

◎속수에 주의

참고도(백을 굳힌다)

대개 초보자는 이와같
이 혹1에서 3 · 5로 결
정해 간다. 이렇게 놓아
나쁘지 않은 경우도 있
지만 대개의 경우 좋지
않다. 백은 2 이하 6
으로 형이 정해지고, 게

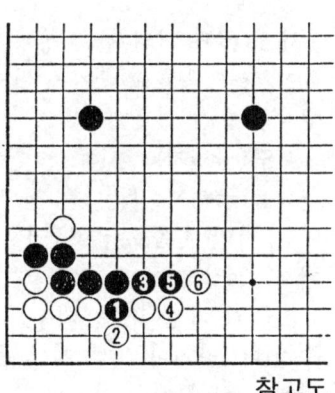

참고도

다가 하변 오른쪽으로 상당한 백 모양이 될 것 같다. 이런
놓기는 빨리 졸업하도록.

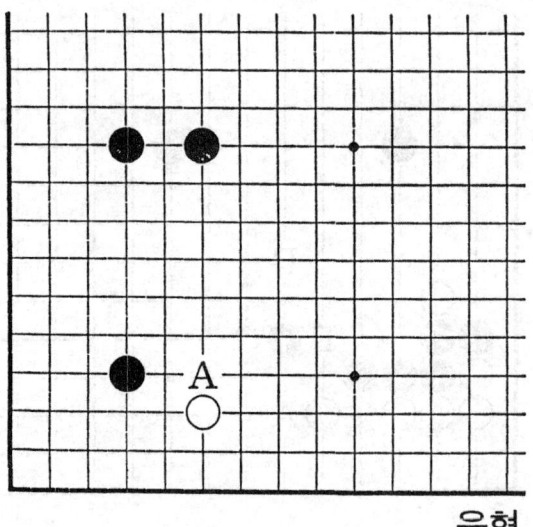

유형

◇유형 혹선

제 38 형과 거의 같은 상황이다.

이 경우 혹 A로 붙이는 이외에, 모양을 확장하는 수를 생각할 수는 없을까?

2도(날일자)

백을 굳히지 않는다는 점에서, 붙이기 보다도 이 혹 1 은 낫다. 다만 혹쪽도 굳어 있지 않기 때문에 일장일단이 있어서 딱 잘라 어느 것이 좋다고 말할 수 없다.

바둑의 해설에서는 자주, '어느 것이 좋다고 단정지을 수 없다' 라거나 '그렇게 놓는 경우도 있다' 라는 식의 애매한 표현이 자주 사용된다. 이것은 초보자에게 있어서는 이해하기 어려운 것이겠지만, 요는 그 두 가지 또는 세 가지 방법 중, 당신 자신이 가장 믿음직스럽다고 생각하는 방

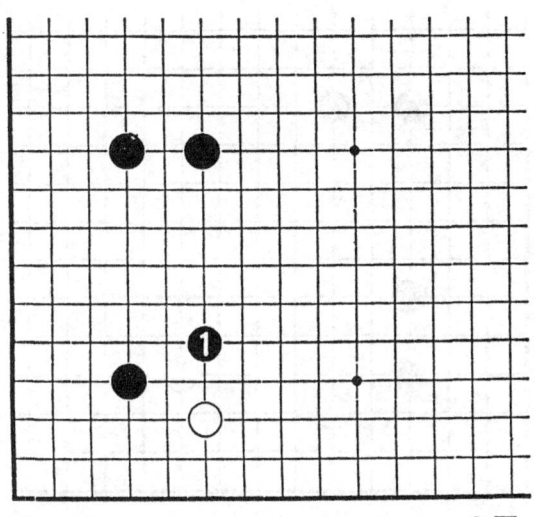

2 도

법을 사용하면 좋을 것이다.

◇ 날일자

참고도(모양을 확대)

2 도의 흑1에 대하여 이 **참고도** 백1의 날일자로 받았다고 하자.

이때 흑2로 날일자로 뛰어 모양을 넓혀가는 것도 상당한 수이다. 이런 돌을 놓을 수 있게 되면

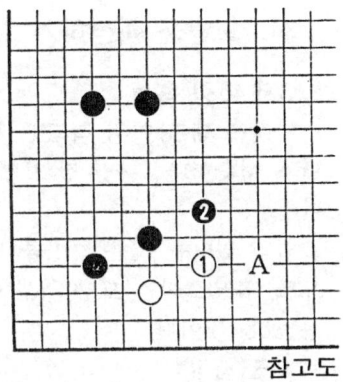

참고도

실력이 어느 정도는 된 것이다.

다음에 백은 A로 대응하는 정도인데, 흑은 다른 호점에 선착한다.

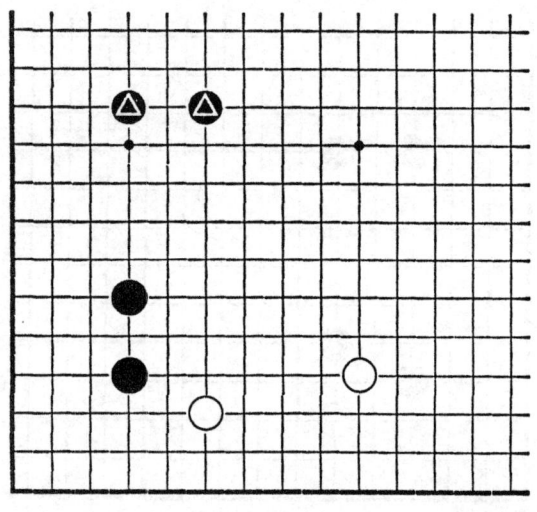

제40형

34. 모양을 확장하기 위한 눈목자

○제40형 흑선

이것은 제38형의 참고도 흑1에 대해 백이 손을 뺀 국면과 비슷하다. 다만 잘 보면 ●의 두 점이 한길 멀리 있다.

멀리 있다는 것은 그만큼 모양이 커진다——라는 것이므로, 흑으로써는 모양 형성 이외에 생각할 수 있는 여지는 없을 것이다.

1도(쟁점)

여기서는 흑1의 눈목자가 멋진 쟁점이 된다. 백부터 놓는다고 하면, 역시 백A로 뻗는 정도이겠지만, 그것은 흑B가 호점이 된다. 그때 백으로써는 A는 놓기 어렵다. 그

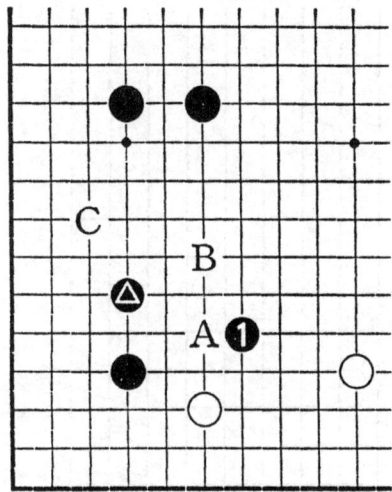

1 도

런 경우는 힘껏 백C
로 놓아가는 편이 좋
은 것이다.

또 흑1로 흑A의
날일자에 놓는 것은
●가 있는 만큼 너무
단단하다.

2 도(변화)

백도 흑에서 A로
붙여지는 것을 막기
위하여, 2로 받는 것
이 보통이다. 이것에
대해서는, 이번에는
흑3으로 날일자로 뛰
어 모양을 넓힌다.

또 이 수법은 제38
형 참고도의 배석으
로 백2를 없앤 경우
에도 유력하다.

2 도

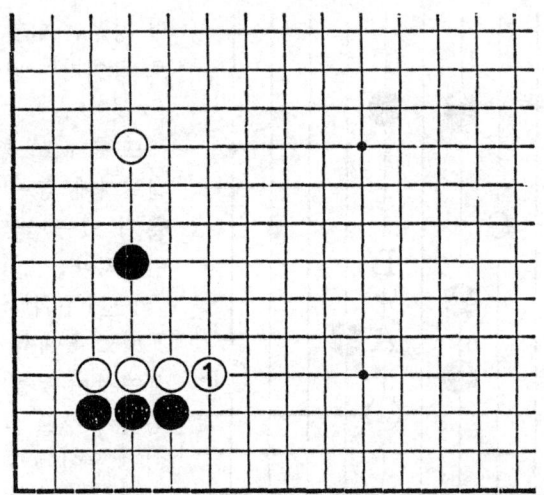

제41형

35. 뒤 밀기를 피하는 날일자의 맥

○제41형 흑선

백이 1로 뻗었다고 하자. 이와 같은 경우에 흑은 어떻게 놓는 것이 좋을지 생각해 보자.

1도(날일자)

흑A로 미는 것은 차의 뒤 밀기로, 더욱 백에 B로 뻗친 백을 강하게 할 뿐이다. 그렇다고 해서 방치하면 백A의 구부리기가 강력해진다.

그와 같은 상황에서는 흑1로 날일자에 달리는 것이 맥이 된다. 만일 이것에 대해 백C로 마늘모로 붙여주면 흑은 D로 반발할 수 있다.

또 흑1에서 흑C로 뛰는 수를 생각한 사람이 있을 지도 모르지만, 그것은 참고도와 같이 되어 좋지 않다.

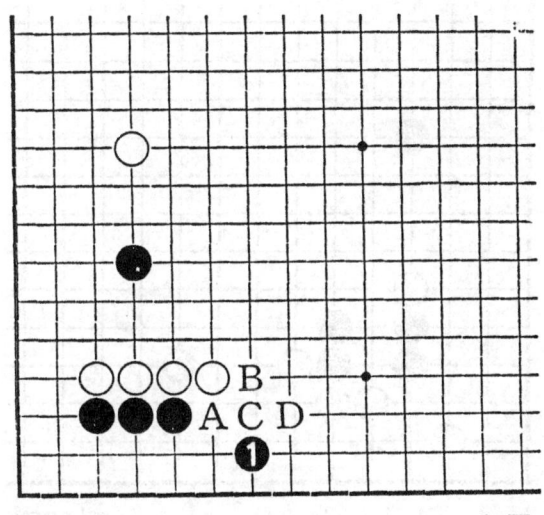

1 도

◇ **결점에 주의**
참고도(위험한 한 칸 뛰기)

본래라면 1 도 흑 1 보다도 이 그림 흑 1 로 뛰고 싶은 상황이다. 조금이라도 돌을 위(제 2 선보다 제 3 선의 의미) 로 놓고 싶기 때문이다. 그

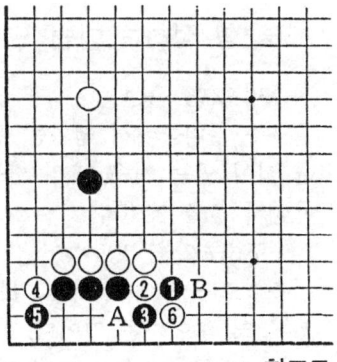

참고도

러나 그것은 백에서 2・4 로 놓는 수가 생겨 위험하다. 이어서 만일 흑 5 로 누르면 백 6 끊기가 강력하다. 흑 A 라면 백 B 로 한 점을 안을 수 있다.

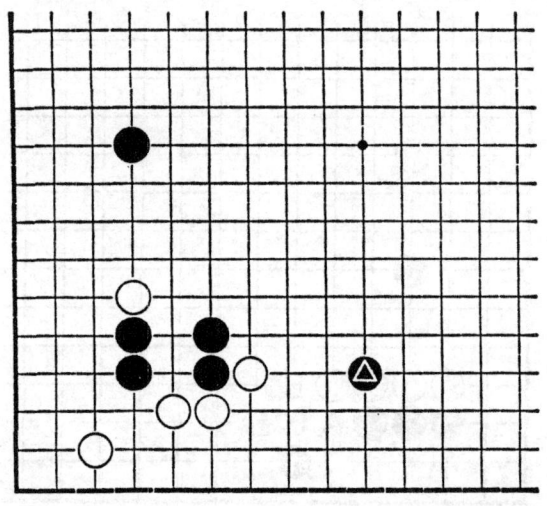

제42형

36. 형 정하는 방법

○제42형 흑선

자주 접바둑에서 생기는 형이다. 오른쪽에 이미 ●의 한 점이 있는 경우, 혹의 다음 놓는 방법은 정해져 있다. 어떻게 놓을 것인가

1도 (두꺼운 맛)

흑1로 구부려 이것을 막는다. 백2로 뻗으면 혹3으로 눌러 넣어가는 것이다.

이 놓기는 후수로 되어 있으나 상당히 두꺼운 수로, 앞으로 중앙에서의 싸움에 한두 차례 역할을 할 것이다.

단 앞에서도 나왔듯이 어디까지나 ●이 있는 것이 조건이다. 만일 없으면 혹3에 백A로 뻗어 좋지 않다.

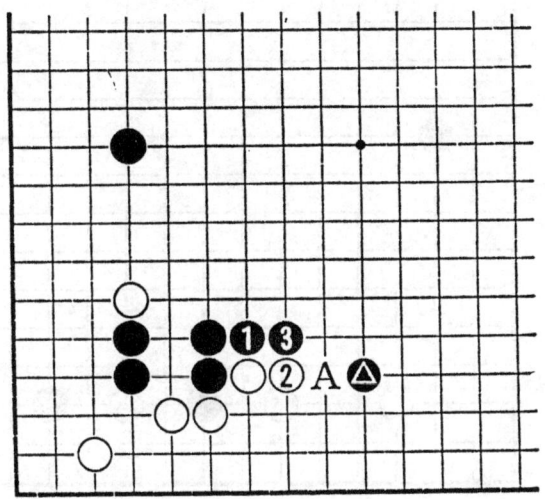

1도

◇ 모양을 정하는 맥

참고도(급소부터 간다)

또 1도 뒤 이것을 흑이 굳힌다고 하면, 흑1의 급소부터 가져가는 것이 맥이 된다. 백2에 흑3으로 놓으면 백부터 A의 뻗어내기의 겨냥을

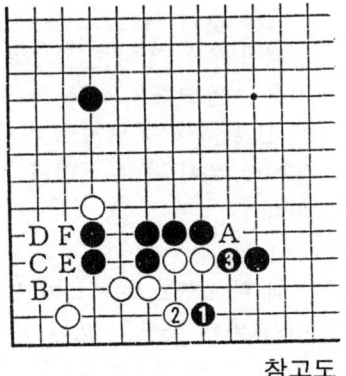

참고도

막을 수 있다. 게다가 다음에 흑B로 놓으면 백은 사(死)이므로 백C로 달리고, 흑D, 백E, 흑F가 되면 흑은 철벽의 두꺼운 맛이 생겨 필승의 체제가 된다.

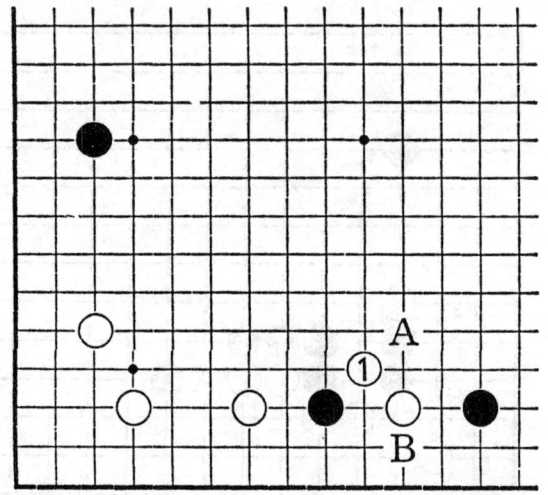

제43형

○제43형 흑선

백이 흑을 정하는 형으로써 이 백 1 과 같은 마늘모가 자주 사용된다. 그것은 이 백 1 에서 백A 등으로 뛰면 흑에 B로 붙어 가볍게 끼워져 버리기 때문이다.

이에 대해 흑은 어떻게 풀 것인가 —— 하는 것이 테마이다.

1도(맥)

매우 고급스러운 놓기인데, 우선 흑1로 다른 돌에 붙여 백의 받는 방법을 보는 것이다 (다음 페이지 참고도 참조).

백은 흑에 여유를 주지 않기 위하여 2로 당기는 것이 보통이다. 예를 들면 이 백 2 에서 백A로 젖히면, 흑에 B로 위에서 뻗어 내어진다.

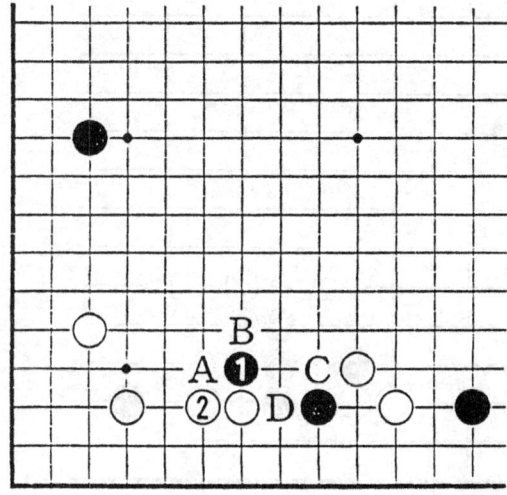

1 도

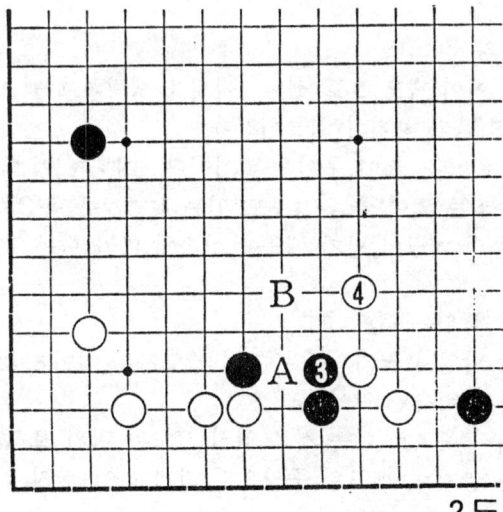

2 도

또 흑 1
에 대해서
백 C로 눌
러가면 흑
D로 붙여
대고, 흑 2
의 안기를
본다.
또 백 2
에서 반대
로 백 D로
붙여 대어
주면, 흑은
거역하지말
고 위로 내
면 좋은 것
이다.
그러면
백 2에 이
어 어떻게
정해갈 것
인가 전진
해 가 보자.
2도 (누
르기)
여기서흑
3으로 누
르는 것.

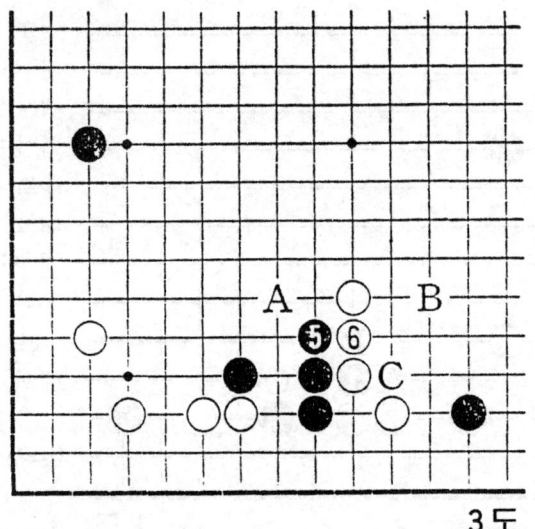

3 도

3 도 (빼기의 급소)

앞 그림에 이어 흑도 5 로 뛴다. 이것을 생략하고 백 A 로 뛰게 하면 흑의 빼기가 힘들어진다.

백도 6 으로 잇는 것이 두꺼운 놓기이다. 때로는 이 백 6 에서 B 로 놓는 편이 좋을 경우도 있는데, 그것은 흑 C 로 붙이는 맥 등의 겨냥이 남기 때문에 상황에 따라 다른 것이다.

4 도 (날일자 뛰는 맥)

흑은 7 로 날일자 놓기. 이 흑 7 의 날일자의 의미는 앞 형의 날일자와 비슷한 것이다.

이 흑 7 에서 흑 A 로 미는 것은 역시 '차 뒤 밀기'로 불리우는 나쁜 놓기로, 백 B 로 중앙으로 내게 하여 좋지 않다.

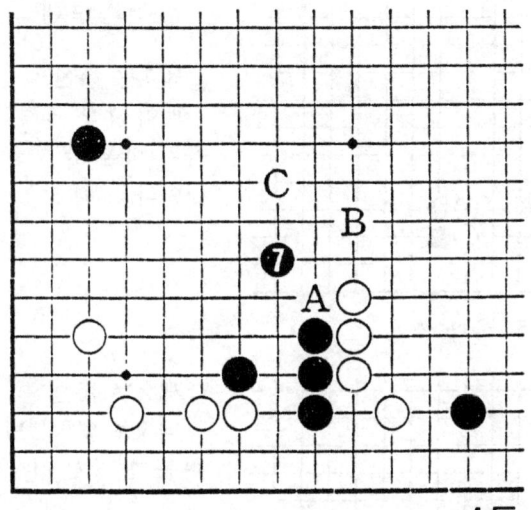

4 도

그런 경우에는 흑 7 로 가볍게 날일자로 빗기는 것이다.
이어서 백 B 로 뛰면 흑도 C 로 뛰는 것이다.

◇ **백에게 호형을 제**
공하지 않는 연구
　참고도(붙인 의미)

그러면 1 도에서 흑이
어째서 1 로 붙였는 가
를 설명하겠다. 만일 흑
이 단순히 1 · 3 으로 놓
았다고 하자. 백 2 에서
백 3 으로 젖히는 강력한

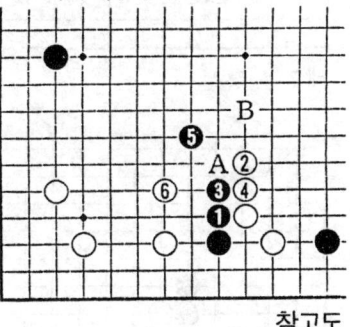

참고도

놓기도 있으나, 가령 백 2 이하 흑 5 까지 놓았다고 하자.
이 때 백 6 으로 놓아지면 흑 A, 백 B 가 되어 좌하의 백 모
양이 부풀어 오른다.

124

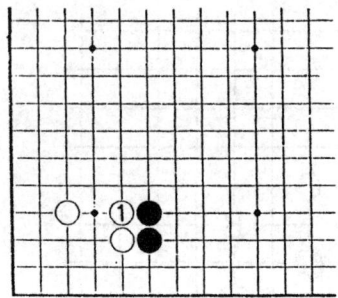

제 1 문 흑선

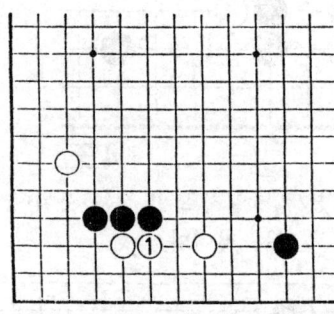

제 2 문 흑선

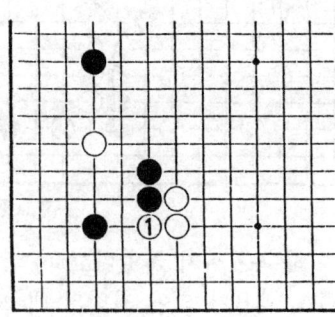

제 3 문 흑선

○연습문제

제 1 문 흑선
백이 1로 올려갔다. 흑의 다음 한 수를 나타 내어라.

제 2 문 흑선
백 1로 연락했다. 흑의 다음 한 수는 어디일까?

제 3 문 흑선
백이 1로 구부러져 갔 다. 흑은 어떻게 놓아야 하나?

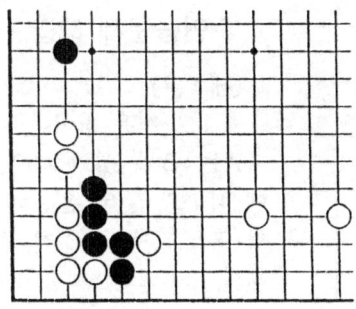

제4문 흑선

혹의 다섯 점이 핀치
이다. 혹의 다음의 급소
두기를 생각해 보자.

제4문 흑선

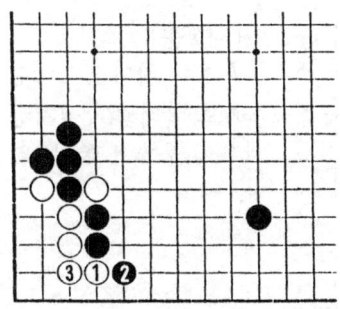

제5문 흑선

백이 1 · 3으로 젖혀
이어갔다.

혹은 이것을 어떻게 처
리해야 할 것인가?

제5문 흑선

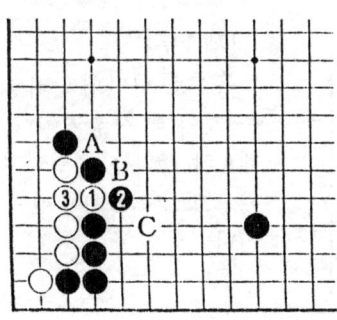

제6문 흑선

백1 · 3에 대해 혹은
A, B, C 어디를 잇는 것
이 좋을까?

제6문 흑선

126

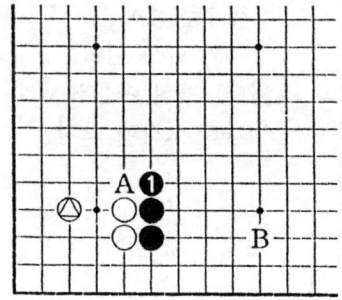

제 1 문

◇연습문제 해답

〔제 1 문〕

흑 1로 뻗은 참이다.
흑A는 ◁가 있기 때문
에 백 1로 끊겨 곤란하
다(흑B도 백 1로 젖혀
진다).

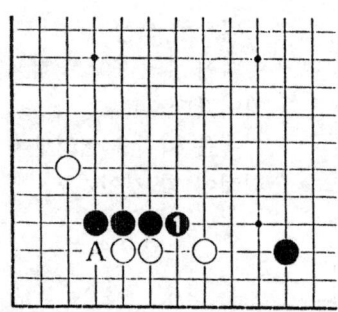

제 2 문

〔제 2 문〕

흑 1이 형의 급소이다.
흑A로 눌러넣고 싶지만
백 1로 부풀어 좋지 않
다.

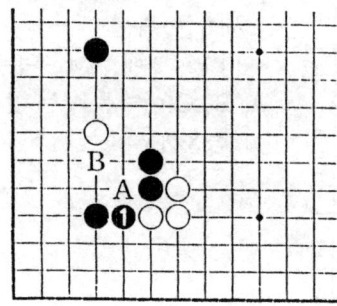

제 3 문

〔제 3 문〕

흑 1로 단단히 눌러넣
는 것이 좋은 놓기이다.
백A의 끊기는 성립되기
않으므로(흑B) 이 한 수
이다.

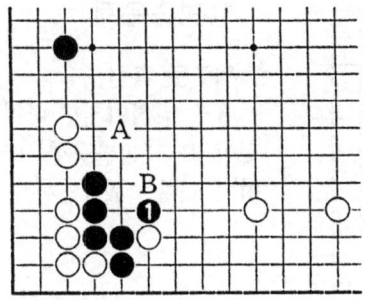

제 4 문

[제4문]
혹1로 젖히는 한 수
이다. 혹A로 도망치기
를 기하면 백B로 급소
를 찔려 그 처리가 곤란
해진다.

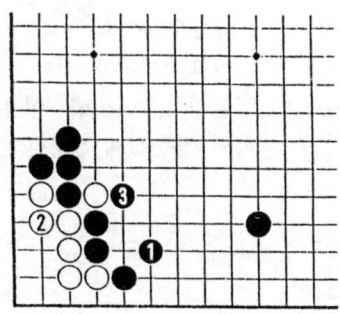

제 5 문

[제5문]
혹1로 걸쳐 잇는 것
이 정해이다. 백2로 이
어 살리면 혹3으로 안
아두는 것이 묘수이다.

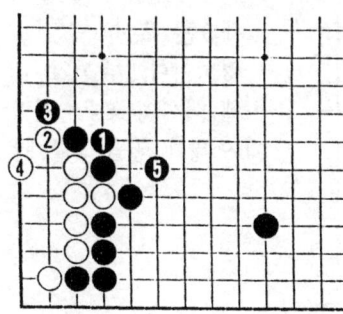

제 6 문

[제6문]
혹1이 바른 놓기이다.
백도 2·4로 살릴 정
도이므로 혹5로 단단히
이어둔다.

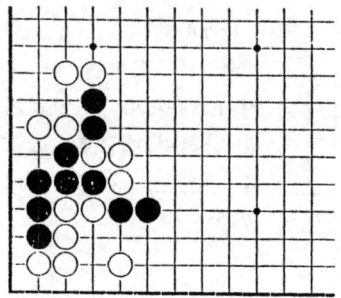

제7문 흑선

○연습문제

제7문 흑선
혹은 핀치이지만 대역 전이 가능한 간단한 방법이 있다. 무엇일까?

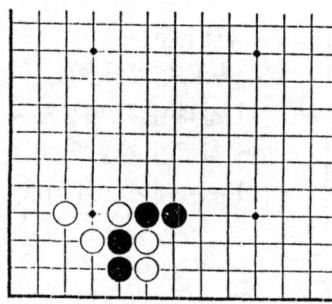

제8문 흑선

제8문 흑선
아래의 흑 두 점은 버림돌이다. 이것을 이용하여 산뜻하게 결정하라.

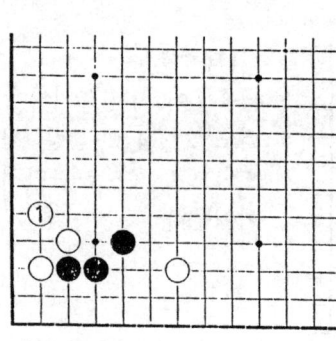

제9문 흑선

제9문 흑선
정석이다. 백1의 대비에 대하여 흑은 다음에 어떻게 놓을 참일까?

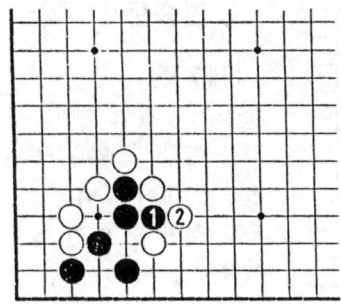

제10문 흑선

제 10문 흑선
유명한 메꿈수이다. 백 2에 대해 흑은 어떻게 놓으면 좋을까?

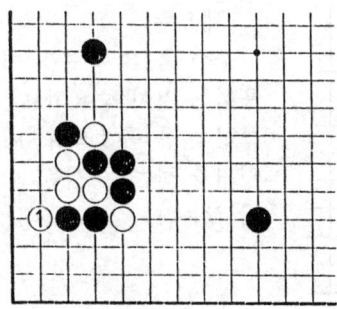

제11문 흑선

제 11문 흑선
백이 1로 젖혀갔다. 흑의 찬스이다. 멋지게 결정하라.

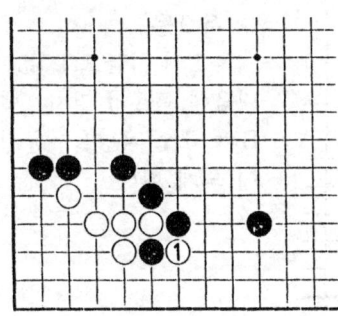

제12문 흑선

제 12문 흑선
백 1의 취하기에 대해 흑은 어떻게 응할 것인가?

130

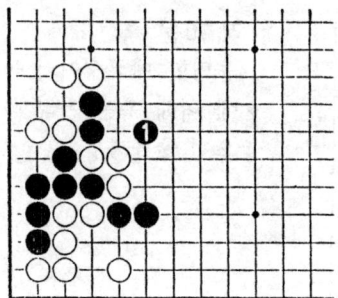

제 7 문

130

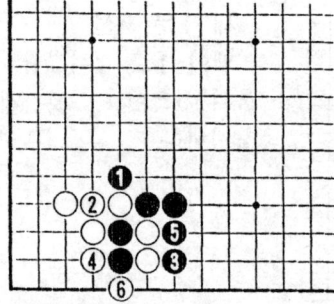

제 8 문

130

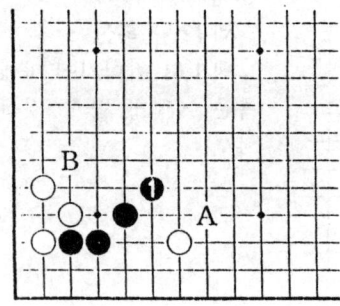

제 9 문

◇연습문제 해답

〔제 7 문〕

흑1로 걸쳐 백의 세 점을 취할 수 있다. 흑의 4수에 대하여 백은 3수로 취할 수 있기 때문이다.

〔제 8 문〕

우선 흑1의 단수를 이용하는 것이 중요하고, 그런 다음 흑3으로 배 잇기를 하는 순서를 잊지 않는다.

〔제 9 문〕

흑1의 마늘모로 내고 다음에 흑A의 걸쳐, 백 B의 급소 겨냥을 균형이 되게 한다.

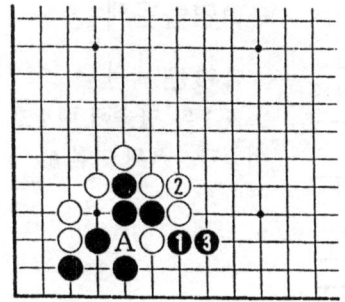

제10문

〔제 10 문〕
흑 1 의 끊기가 중요.
흑 2 로 끊거나 하면 백
A 로 끼워져 망쳐버린다.

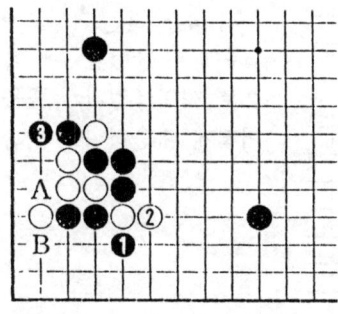

제11문

〔제 11 문〕
흑 1 의 단수가 좋은
수로, 만일 백 2 로 도망
치면 흑 3 으로 내리고,
다음에 백A라면 흑B 로
싸워 이긴다.

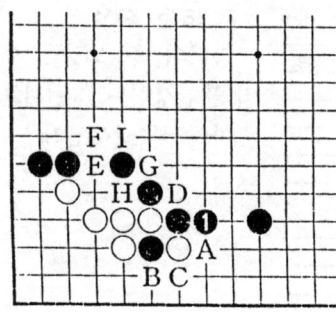

제12문

〔제 12 문〕
흑 1 이 바른 놓기이다.
흑A는 백B로 빼어지고,
흑C면 백D, 흑 1, 백E,
흑F, 백G, 흑H, 백I로 바
꾸어 놓는다.

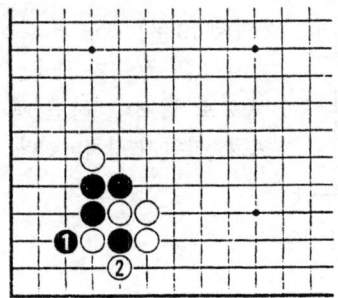

제13문 흑선

○연습문제

제 13 문 흑선

혹 1 의 단수에 백 2 로 빼었다. 혹의 다음 한 수 는?

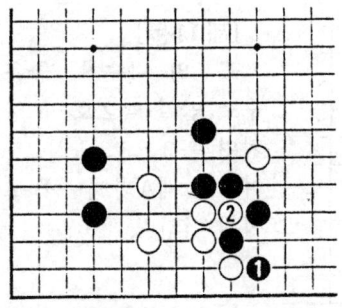

제14문 흑선

제 14 문 흑선

혹 1 로 눌렀을 때 백 2 로 끼워넣었다. 혹은 어떻게 대응하나?

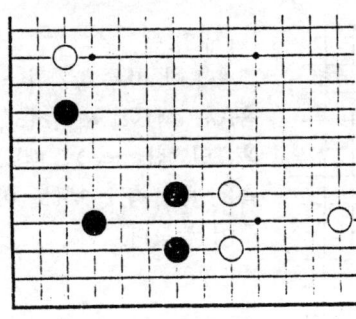

제15문 흑선

제 15 문 흑선

좌하의 혹 모양은 아 직 불안정하다. 어디로 놓아야 하는 것인가?

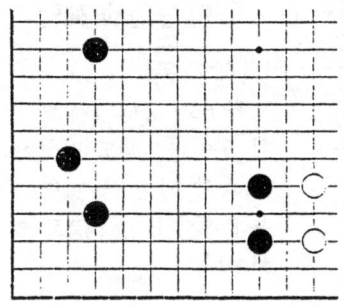

제16문 흑선

제 16문 흑선
이것도 흑의 큰 모양을 정비하는 급소를 찾는 문제이다. 흑의 다음 한 수는?

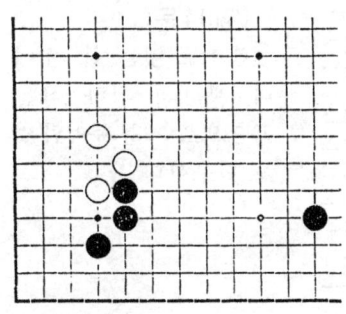

제17문 흑선

제 17문 흑선
흑으로써는 하변의 모양을 넓히고 싶은데 어떻게 놓아야 하는가?

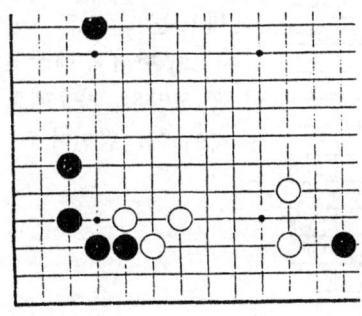

제18문 흑선

제 18문 흑선
흑에 있어서 중요한 모양의 쟁점이 있다. 찾아 보시오.

134

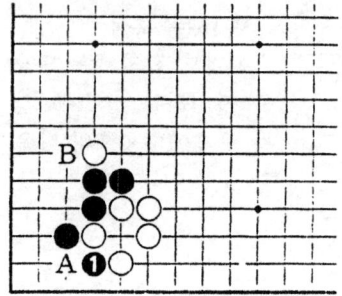

제13문

〔제13문〕

혹1로 강력하게 단수한 수이다. 백도 멍청하게 A와 싸울 수 없다. 혹1에서 B는 백A로 젖혀진다.

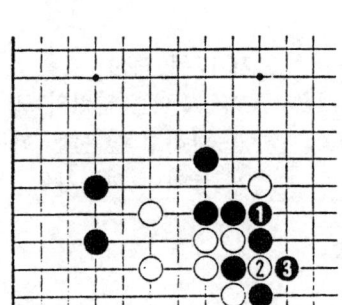

제14문

〔제14문〕

혹1로 잇는 한 수이다. 백2의 취하기에는 혹3으로 패를 두려워 말고 단수한다.

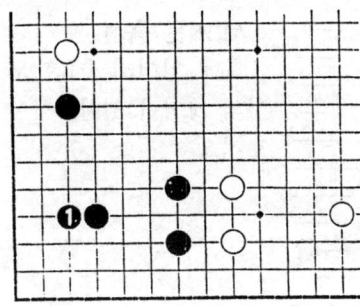

제15문

〔제15문〕

혹1로 나란히 메꾸면 이 혹 모양의 가운데로는 넣기 어려워진다.

135

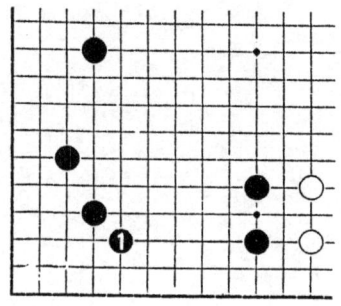

제16문

[제16문]
혹1의 마늘모가 호점
이다.
아직 완전한 혹의 땅
이라고는 할 수 없으나
정비될 듯한 형세이다.

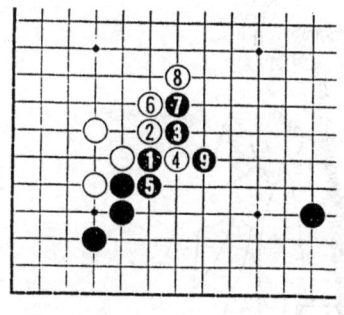

제17문

[제17문]
혹1의 젖히기부터 가
져간다. 백2 이하 혹9
까지는 하나의 결정 방
법을 나타낸 것이다.

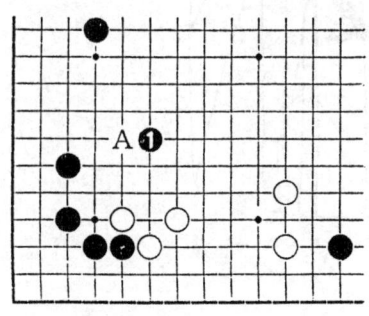

제18문

[제18문]
혹1이 혹백 쌍방에
있어서 중요한 포인트이
다. 백부터 놓는다고 하
면 백1 또는 백A일 것
이다.

제 2 장

정석을 통하여
모양을 배운다

●돌의 감각을 키우기 위하여

한마디로 정석이라고 해도 그 수는 상당한 것이다. 스페이스 관계도 있고 해서 다루어지는 정석은 극히 일부에 지나지 않는다.

그리고 여기에서는 비교적 여러분의 실전에 도움이 될 화점의 정석에 대해 언급했다. 소목 정석이나 고목 정석은 다루지 않았다.

맞바둑의 화점 정석과 접바둑의 화점 정석으로 분류하는데, 그것은 편의상 그렇게 한 것으로 다른 의미는 없다.

맞바둑 정석이 접바둑에 도움이 되는 경우도 있고 그 반대의 경우도 있다.

정석을 통하여 맥을 공부하는 효용은 여러분이 놓는 돌이 단단해지는 것이다.

형이 나쁘면 상대의 맥으로 곤란을 겪는다. 그러나 그런 맥을 읽을 수 있게 되면 형에도 충분히 주의를 할 수 있게 된다.

맥을 배운 효과는, 상대의 돌 속의 맥을 발견하여 싸움을 유리하게 이끌어가는 것인데, 그 이상으로 자군의 돌을 단단히 놓을 수 있게 되는 것이다. 돌의 감각을 확고히 한다 라는 마음가짐으로 이 장을 공부하기 바란다.

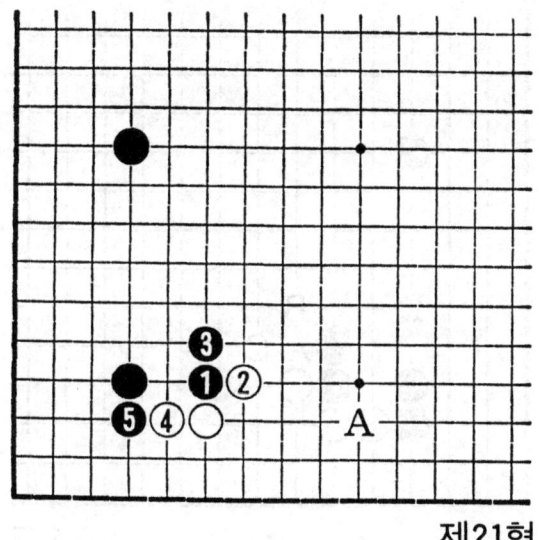

제21형

37. 접바둑 정석(1)——붙여뻗기 정석에서

○제21형 흑선

흑1 이하 5는 붙여뻗기 정석이다.

이 다음 백A로 벌리는 것이 보통이다. 그러나 접바둑의 경우 등 백이 다른 호점에 선착하기 위하여 손 빼기를 하는 경우가 자주 있다. 그런 경우 이 백을 어떻게 공격하는 것이 바른가 하는 테마이다.

1도(급소)

흑1이 급소이다. 이 위치를 단단히 머릿속에 넣어둔다.

백A로 내면 흑B로 머리를 젖힌다. 어쩔 수 없이 백C로 구부리면(백은 빈 삼각의 우형이 된다) 혹은 알단 D로 수를 되돌리는 것이다.

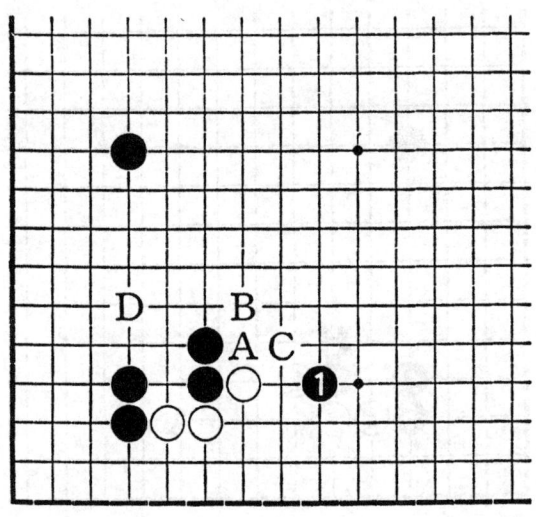

1 도

◎속수에 주의

참고도(4 선을 뻗게 한
다)

초보자 대부분은 흑1
· 3 으로 밀고 간다. 백
에 2 · 4 로 제4선을 뻗
게 하는 것은 좋지 않다.

' 4 선 뻗기는 승' 또
는 ' 4 선은 승선' 이라고

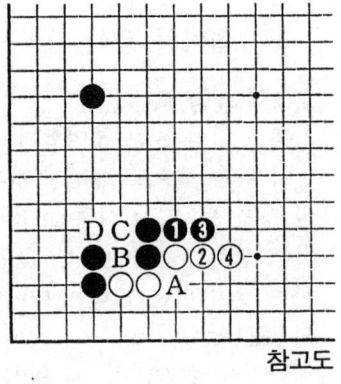

참고도

일컬어질 정도이다. 이 때문에 흑의 A 끊기의 목표가 없
어지고, 반대로 백B, 흑C, 백D의 내끊기를 겨냥당하고만
다.

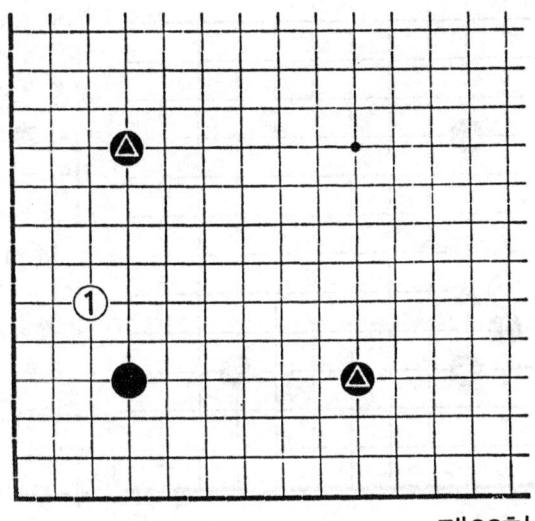

제22형

38. 접바둑 정석(2)──마늘모 붙이기

○제22형 흑선

접바둑, 특히 8점 접바둑, 9점 접바둑이 되면 이 그림과 같이 변에 ●이 미리 놓여져 있다.

백1로 걸친 때에 ●을 이용하여 백의 한 점을 공격하는 한 개의 형이 있다.

그것을 나타내겠다.

1도(마늘모 붙이기)

백을 무겁게 하여 공격하는 것이 기본적인 놓기가 된다. 무겁게 한다──라는 것은 상대의 돌을 버리기 어렵게 만든다는 의미이다.

그 방향으로써 우선 흑1로 마늘모 붙이기이다. 이 마

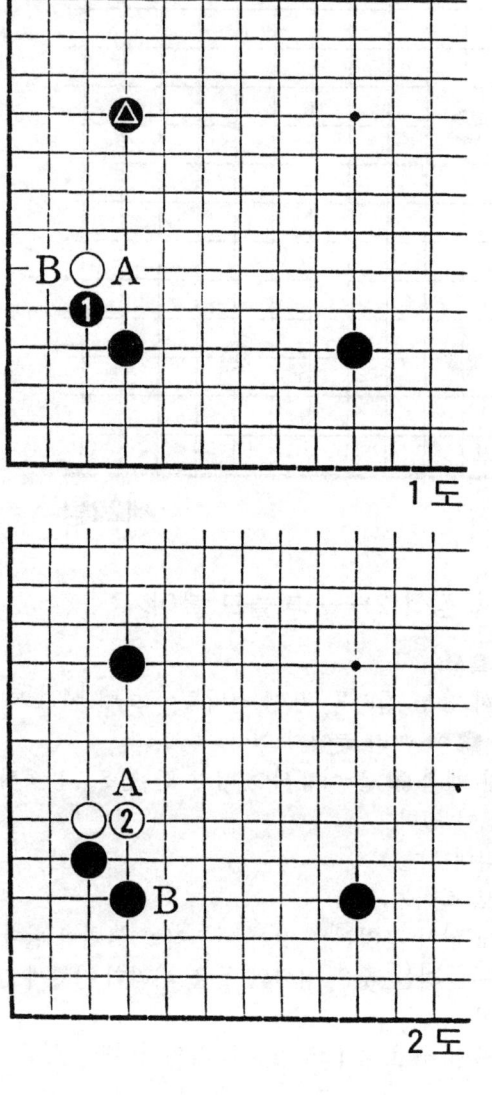

1 도

2 도

늘모 붙이기가 성립하는 것은 좌변에 미리 ●의 한 점이 있는 것이 조건이다.

이것에 대해 백이 손을 빼면 혹에서 A나 B로 젖히는 수가 강력해지기 때문에——

2 도 (서는 형)

백은 대부분의 경우 2로 서게 된다(단, 백에는 A로 마늘모하여 놓는 듯한 수도 있다).

백 2로 서서 다음에 B에 붙이는 맥을 겨냥한다.

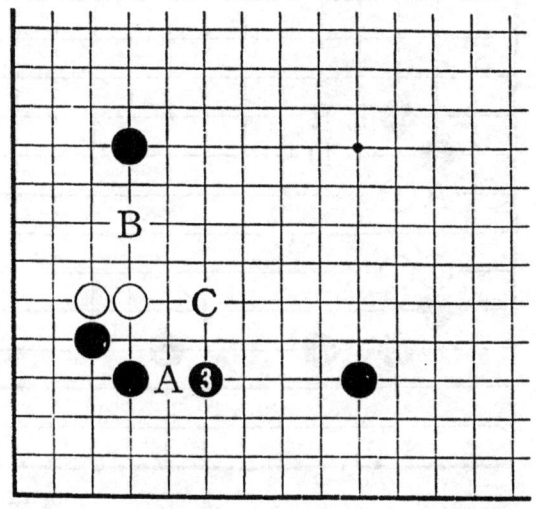

3 도

3도(상법)

앞 그림에서 흑3으로 대비하였다고 하자. 흑3은 백A
의 붙이기에 대한 대비이다.

이 다음 백이 손을 빼면 흑B로 메꾸고 백 두 점으로 공
격을 본다. 또는 흑C로 칼끝으로 공격한다(이것에 관해
서는 다음 페이지에서 후술하겠다). 이것이 보통이다.

그런 공격을 완화하기 위하여──

4도(공격의 급소)

백4로 대비한 수법이 자주 사용되지만, 그것에 대하여
더욱 강한 공격을 속행하는 데는 흑5의 마늘모가 급소가
된다. 이것에 대하여 백A로 받으면 흑B로 뛰고 큰 백을
공격하게 될 것이다.

이 백A는 역시 무거운 수이기 때문에, 백C의 눈목자로

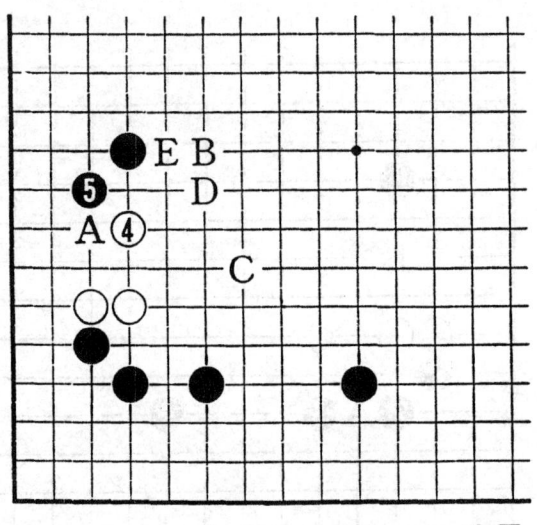

4 도

뛰고, 또는 백D의 날일자로 놓는다. 더욱 혹E로 붙이는
등의 방법이 취해진다.

◇ 속수에 주의

참고도(백의 이상형)

윗쪽 A 주위에 흑돌이
없는데도 혹1로 마늘모
붙이기를 해서는 안된다.
백2 · 4로 준비하면(또
는 백A) '2립 3석'의
이상형을 제공하게 되기
때문이다.

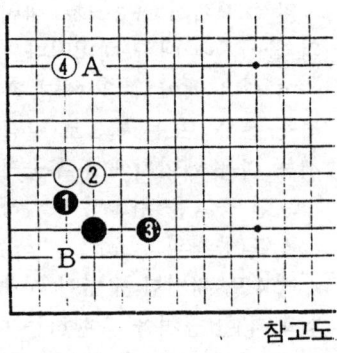

참고도

게다가 혹의 형에는 백부터 B로 3 · 3에 넣을 여지도
있어 바람직하지 않다.

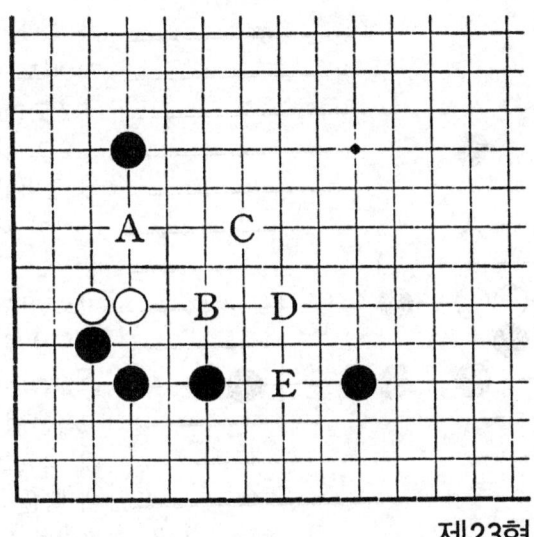

제23형

39. 접바둑 정석(3) —— 칼끝 공격

○제23형 흑선

그러면 앞 페이지 3도에서 백이 손을 뺀 경우, 백으로의 공격 방법을 생각해 보자.

이것이 그 그림이다. 흑A로 공격하는 것도 한 방법이라고 말했지만, 그것에 대해 백B라면 흑C, 그리고 백D에 흑E로 아래쪽을 굳히면서 공격한다. 이것은 비교적 알기 쉬운 패턴이다.

1도(우변에 모양을 편다)

흑이 오른쪽에 모양을 형성했을 때에는 흑1의 칼끝으로 가져가는 것이 유력한 공격 방법이 된다. 더욱 백이 손빼기 하고, 흑에 A로 메꿔지면 백 두 점은 이미 꼼짝할 수

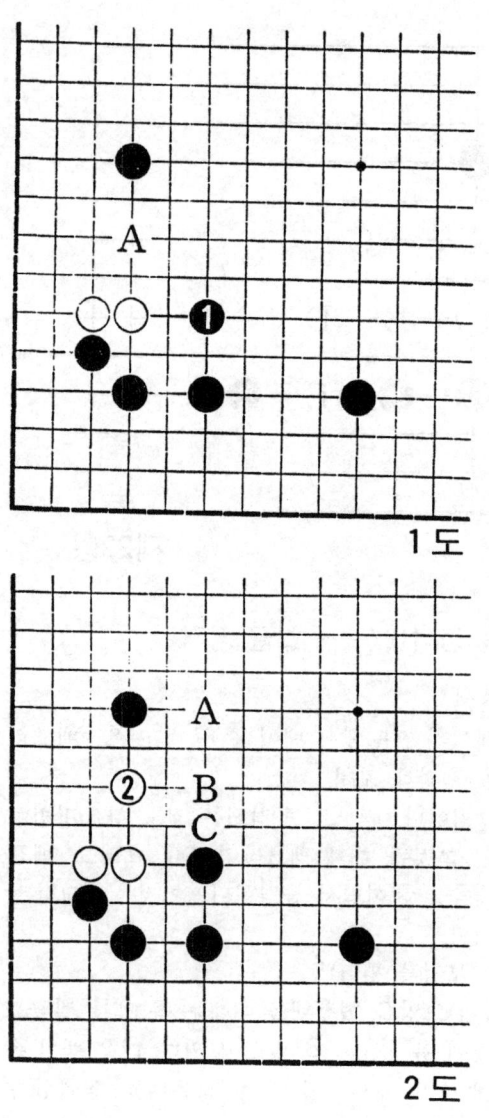

1 도

2 도

가 없다. 따라서 백도——

2도(한 칸)

2로 한 칸에 준비한다. 이때 흑의 놓기는 두 가지로 나뉜다.

우선 윗쪽을 소중히 하고 싶은 경우인데, 흑A로 뛰어 백을 크게 공격하게 된다.

그러나 1도 흑1로 오른쪽을 소중히 하는 공격을 하면, 당연히 흑B로 더욱 칼끝으로 가야 하는 것이다.

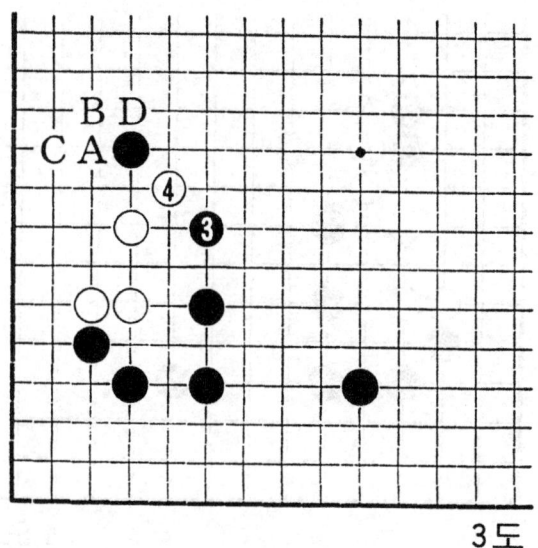

3 도

3 도(오른쪽의 모양을 넓힌다)

혹 3 으로 더욱 칼끝으로 하여 공격한다. 백도 **4** 로 마늘모로 내는 정도일 것이다.

만일 이 백 4 에서 백A로 아래에 붙여주면 혹B로 젖히고, 백C의 내리기에 혹D로 단단히 이으면 충분하다. 백으로써는 **4** 로 마늘모를 내어도 이길 확률이 없을 때는, 이와 같이 좌변에서 사는 수를 놓는데, 그 결과 윗쪽의 혹이 두꺼운 맛을 가하기 때문에 결코 좋지 않다.

백 4 에 이어서——

4 도(공격을 계속)

혹 5 로 날일자로 공격, 백 6 에 혹 7 로 강력하게 뻗어 싸우게 된다. 백A로 미는 정도일 것이므로 혹B로 뻗어두어 충분하다.

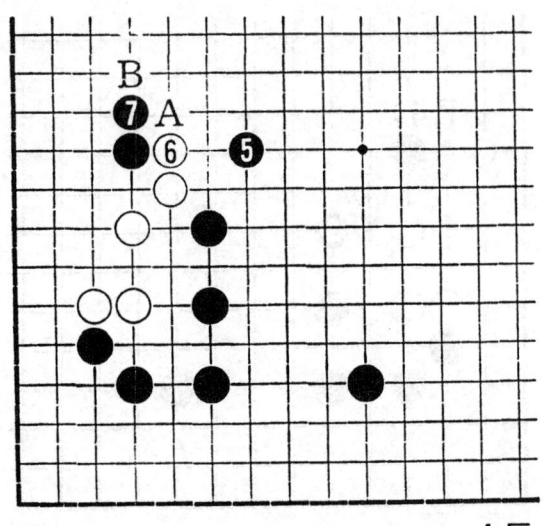

4 도

이 형의 1도 흑1부터 4도 흑7까지의 공격 방법은 하나의 기본적인 패턴이다.

◇ 속수에 주의

참고도(미는 것은 이맥)

4도 흑5의 날일자가 바른 맥이 된다. 흑1로 미는 것은 백에 2로 내어져 맥이 나쁜 것이다.

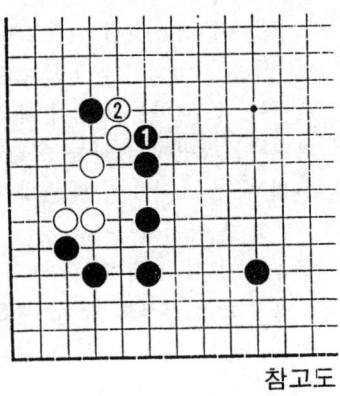

참고도

똑같은 이유로, 흑1에서 흑2부터 미는 것도 백에 1로 이어지게 되어 역시 속맥인 것이다.

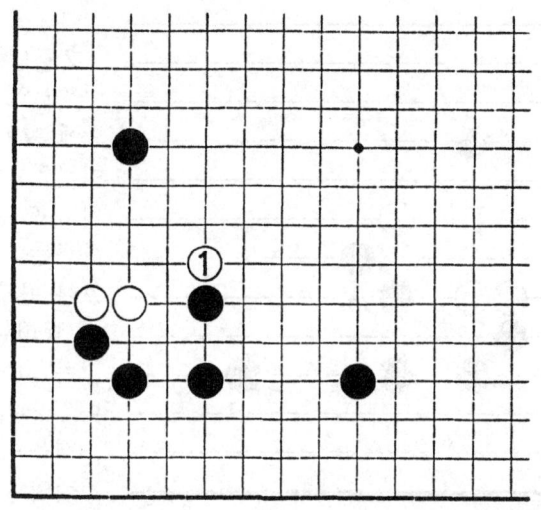

제24형

40. 접바둑 정석(4)—형의 급소 —— 빼기

○제24형 흑선

이것은 앞쪽의 1도 흑1의 칼끝에 대해, 이 그림 백1
로 붙여간 경우의 변화이다.

어떻게 놓을 것인지 생각해 보자.

1도(젖히기)

'붙이기에는 젖혀라'로, 대부분의 경우 흑1로 젖혀 나
쁜 때는 없다.

백도 2로 뻗는 정도이다.

문제는 여기이다. 만일 흑이 잠자코 A로 이으면 백은
B로 급소에 놓아 형을 정돈한다. 그러면 흑의 뒷 공격이
이어지지 않는다.

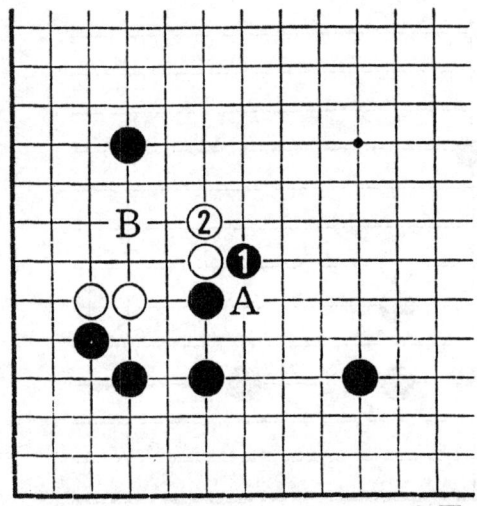

그래서——
2도(맥)
흑3으로 급
소에 향한다.
이것은 다음
에 흑A로 분
단하는 수를
보아 백의 형
을 붙이는 급
소가 되어 있
다.
백은 이때—
적의 급소
는 자신의 급
소(격언)
왼쪽 2도 흑
3은 백의 형
을 깨는 급소
이며, 백에게
있어서는 3
으로 대비하
는 것이 정형
의 급소가 된
다.

1도

2도

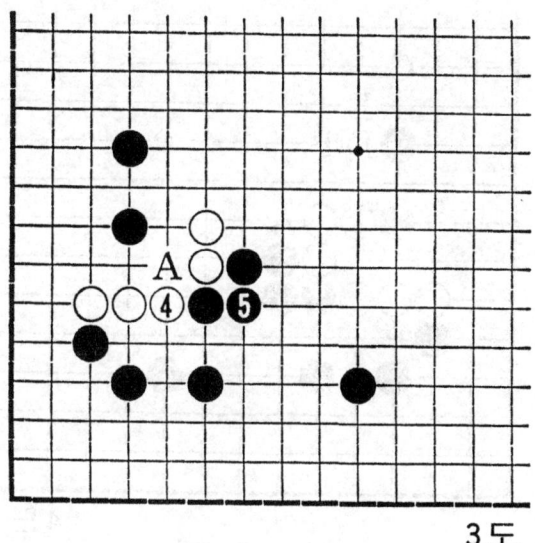

3 도

3도(잇기)

4의 붙여대기가 형이다. 그러나 흑은 5로 이어버리고 있다. 게다가 엄연히 A의 끊기는 남아 있다. 어쩔 수 없이——

4도(일단락)

백6으로 준비하는 것이 될 것이다.

이때 흑이 A로 밀어가든가, 그렇지 않으면 흑B로 뛰어 윗쪽에 모양을 만들든가, 또는 그 어느쪽인가의 여지를 남겨 다른 호점에 선착하는가는, 이것도 상황에 따른 것이다.

그러나 아뭏든 흑A로 미는 것은 백의 공배 막힘을 겨냥한 호점이 된다.

백이 B로 뛰면 흑도 C로 뛴다. 또 백D로 붙여 주면 흑E로 젖혀 좋은 것이다. 백B의 뻗기라면 흑C로 걸어 잇

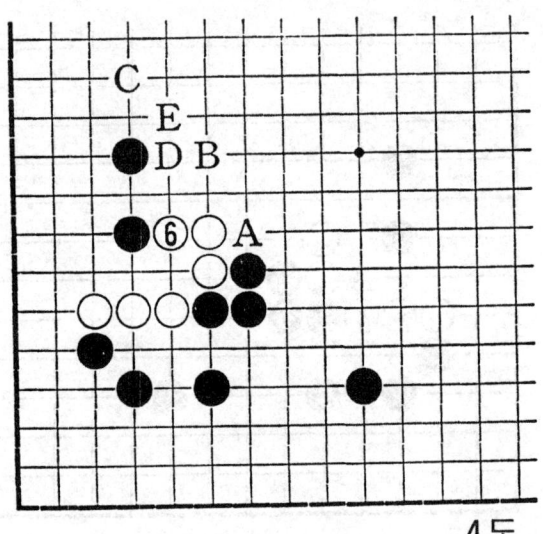

4 도

는다.

◇ 속수에 주의

참고도(백에 빈 삼각)

흑 1 로 급소를 붙였을
(앞 페이지 2 도 흑 3)
때 백 2 로 연락하는 것
은 속수이다. 백의 형이
완전히 깨진다. ◬ 의 두
점과 백 2 와 세 점으로
'빈 삼각'의 우형이 되어
있기 때문이다.

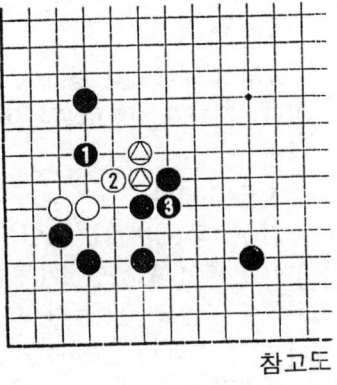

참고도

단지 연락하면 된다——라는 태도로는 능숙해지지 않
는다.

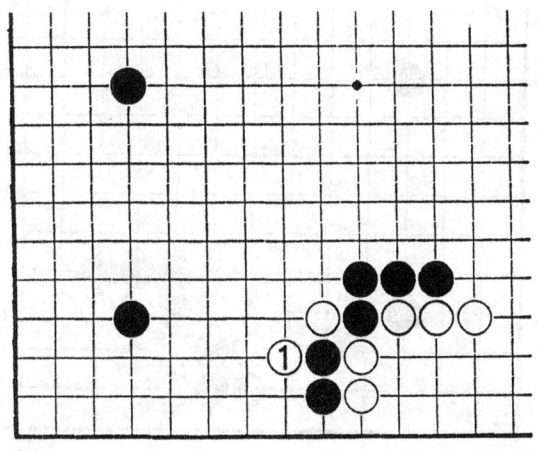

제25형

41. 축 관계에 생기는 맥

○제 25 형 흑선

축을 겨냥한 맥은 여러가지 있다.

그 중에서 가장 기본적인 맥을 다루어 보았다. 예를 들면, 이와 같은 상황에서 백 1 로 젖혀갔다고 하자.

이것에 대해 흑은 어떻게 대처하면 좋을지 생각해 보자.

1 도(단순한 구부리기)

대부분의 경우 단순히 흑1로 구부리는 것이 바른 것이다. 이 흑1에서 흑A로 끊고 백B로 뻗게 하여 흑1로 단수하는 것은 속된 놓기.이런 놓기로는 강해질 수 없다(다만 상황에 따라서는 그런 속된 놓기가 좋은 경우도 있다)

이어서 백이 A로 이으면 흑은 C로 젖힌다. 이것이라면 흑에게 있어서는 문제는 없다.

2 도(뻗으면——)

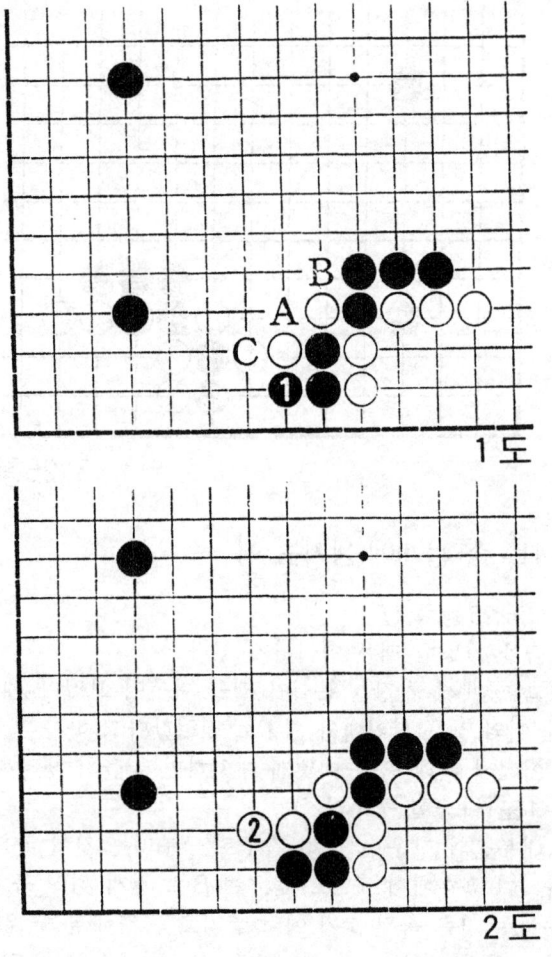

1도

2도

백에 2로 뻗혀졌을 때가 혹에 있어서 성가신 때이다.
이때 혹이 어떻게 놓으면 좋을지, 다음 그림을 보기 전
에 생각해 보자.

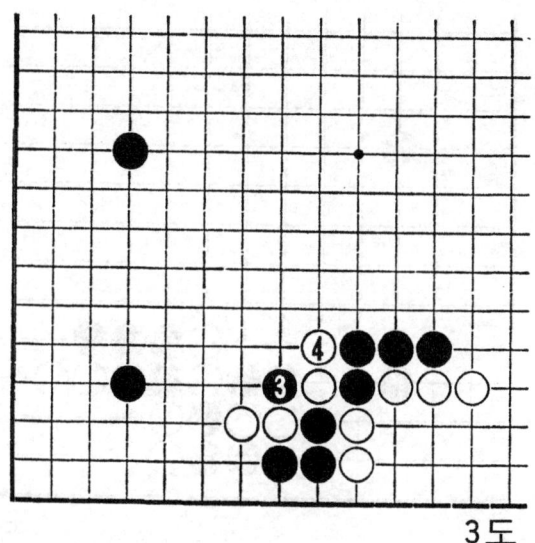

3도

3도(끊기부터 간다)

흑3으로 끊는다. 백4의 뻗기는 어쩔 수 없을 것이다.
흑4로 빼면 꼬리가 빠져버린다.

이어서——

4도(잠자코 눌러라)

흑5로 이것을 누르는 것이 호수맥이 된다. 이것으로 흑
A의 축과 흑 B 의 두 점 취하기가 균형이 되게 한다. 즉,
백A라면 흑B라는 뜻이다.

이상 **1도** 흑1의 구부리기에서 **4도** 흑5 까지는 일련
의 흐름이다. 이것을 몇 번이고 머릿속으로 반복하여 실
전에 나올 때는 곧 처리할 수 있도록 훈련해 둔다.

읽기와 맥

아무리 앞을 읽을 수 있어도 잘못된 읽기는 전혀 가치

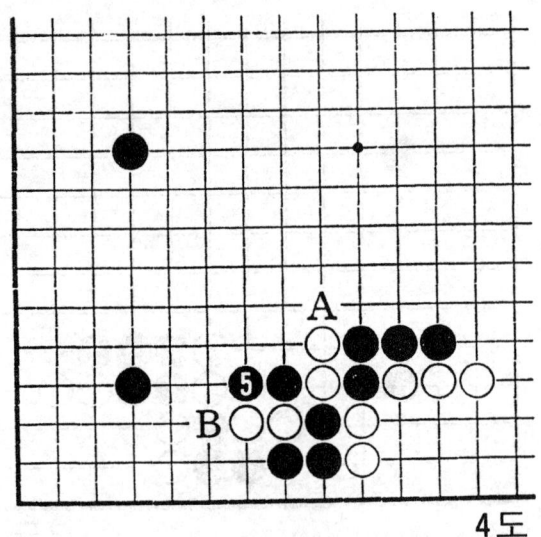

4도

가 없다.

◎ 속맥에 주의

참고도(2 선을 뻗는다)

축 관계가 나쁘거나,
또 수를 읽을 줄 모르는
사람은 흑1 이하 흑5
와 같이 태연하게 제2
선을 뻗어간다. 이것으
로는 비록 산다 해도 바
둑은 이길 수 없다.이런

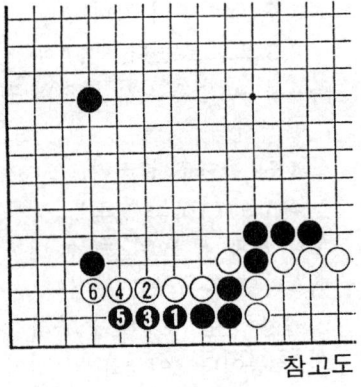

참고도

형이 될 정도라면 혹 세 점은 버리는 편이 낫다. '2 선을
뻗으면 진다' 라는 것을 알아둔다.

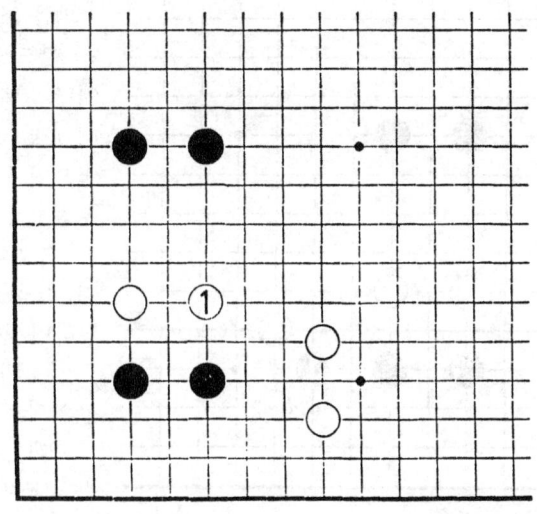

제26형

42. 상대의 돌을 가르고 내는 맥

○제26형 흑선

백이 1로 뛰어 봉쇄하러 갔다──라고 상정한다.

이런 경우 흑으로써 취해야 할 태도를 결정해 보자.

1도(간명)

우선 눈에 띄는 것은 △ 두 점 사이가 얇다는 점이다. 그리고 한가지 중요한 것은, 구석에서 작게 살 것을 생각해서는 안된다는 것이다.

가능한 한 어떻게 해서든지 중앙으로 머리를 내도록 마음을 먹지 않으면 안된다.

그 제1탄으로써, 알기 쉽게 흑1로 빼는 것이다.

2도(백의 받는 방법)

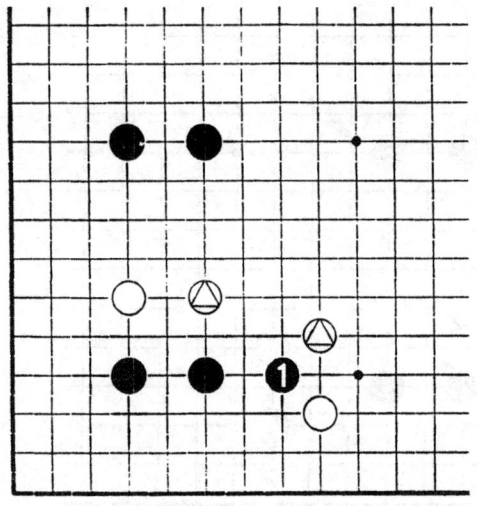

1 도

백은 2로 잇
는 한 수일 것
이다. 백2에
서 A로 위를
받으면 흑B로
부풀고, 백C
에 흑2로 낸
다. 그리고 백
D라면 흑E로
끊어 싸우는
것이다.

아래쪽의 흑
은 봉쇄당한
다 하더라도
잡힐 돌은 없
다. 주위의 백
에게는 단점
이 생겨 그 보
수가 큰 문제
가 된다.

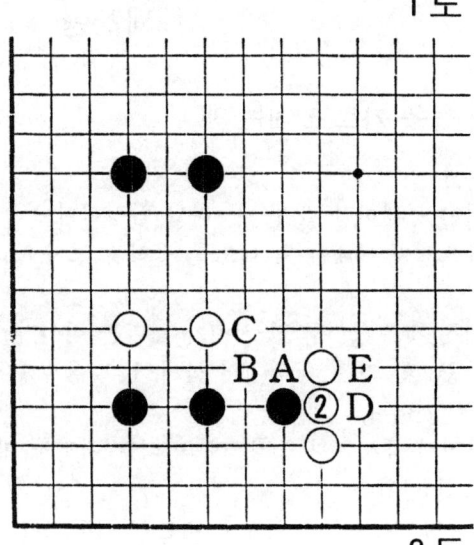

2 도

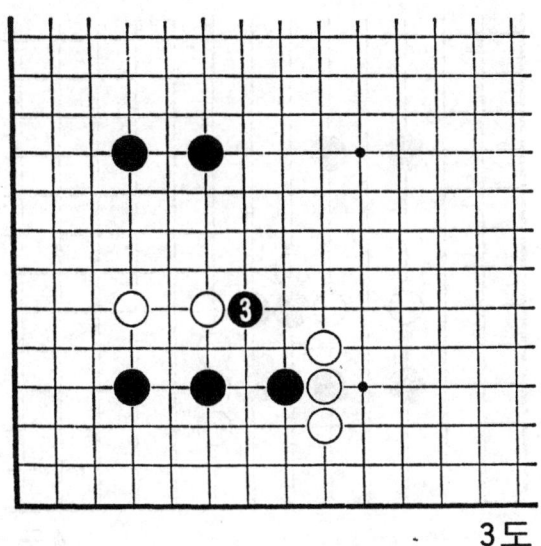

3 도

3 도(좌우를 분단)

이때 흑 3 으로 붙여가는 것이 호수맥이 된다. 이렇게 하여 백을 좌우로 분단하여 공격하려는 것이다.

흑도 중앙으로 머리가 내어지면 죽지는 않을까—— 하는 불안도 없어진다.

백이 이어서——

4 도(흑 단연 유리한 싸움)

백 4 로 젖히면 흑 5 로 뻗는다. 이런 싸움이 되면 일방적으로 백이 고전하게 되는 것은 분명하다.

맥의 이용법

돌의 배치에 따라 여러 가지 맥이 생긴다. 그 맥의 수는 일일이 셀 수 없을지 모른다.

그러나 그 하나하나를 잘 공부해 두면 주변이나 중앙,

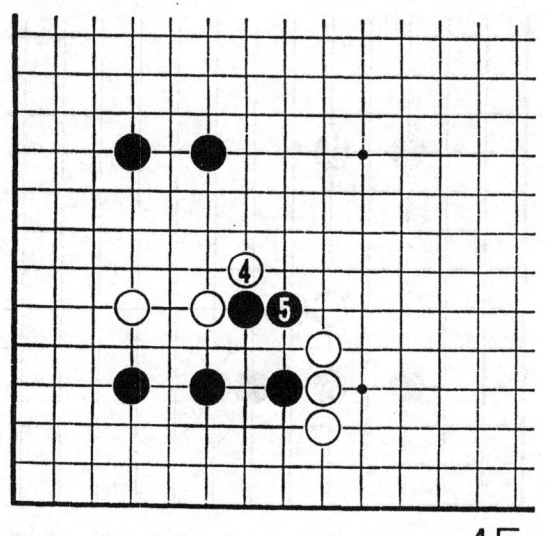

4 도

구석의 차별없이 응용이
되는 것이다.

◻ 백의 반격

참고도(흑 간명을 취
한다)

4도 백4의 젖히기에
서는 이 그림 백1로 젖
혀 내가는 것을 충분히
예상할 수 있다. 4도로
는 너무 힘들기 때문이
다.

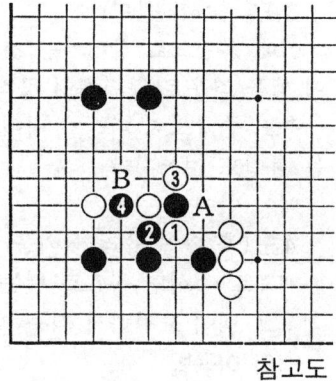

참고도

흑은 2로 끊고, 백3의 단수에 상관없이 흑4로 단수
한다. 다음에 백A로 빼게 되는데 흑도 B로 붙여낸다.

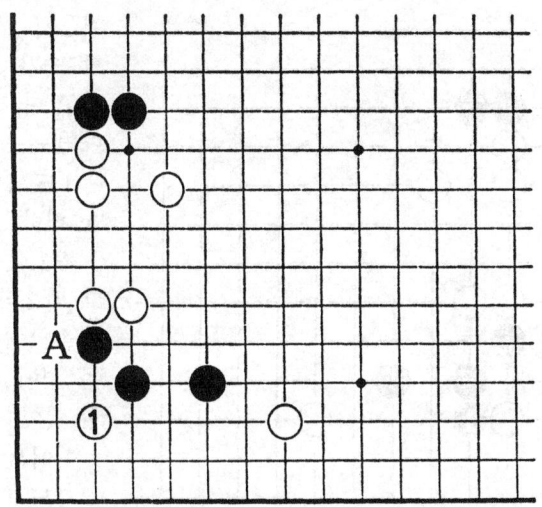

제27형

43. 3 · 3 넣기의 대책

○제 27 형 흑선

중반부에 들어가 백의 3 · 3 넣기에 여러분도 많은 고초를 겪었을 것이다.

이 백 1 도 그 한가지이다. 그것에 대해 흑은 도대체 어떤 것을 생각하면 좋을까.

우선 중요한 것은 당연히 흑의 사활 문제이다. 흑의 생명이 위험에 빠졌음에도 불구하고 무턱대고 힘을 주는 사람이 있는데, 그것은 넌센스이다.

다음에 생각하지 않으면 안될 것은 주변 백이 어떤 상황에 있나 하는 것이다.

여기에서는 흑A로 차단해 보아도 위의 백이 강력하기

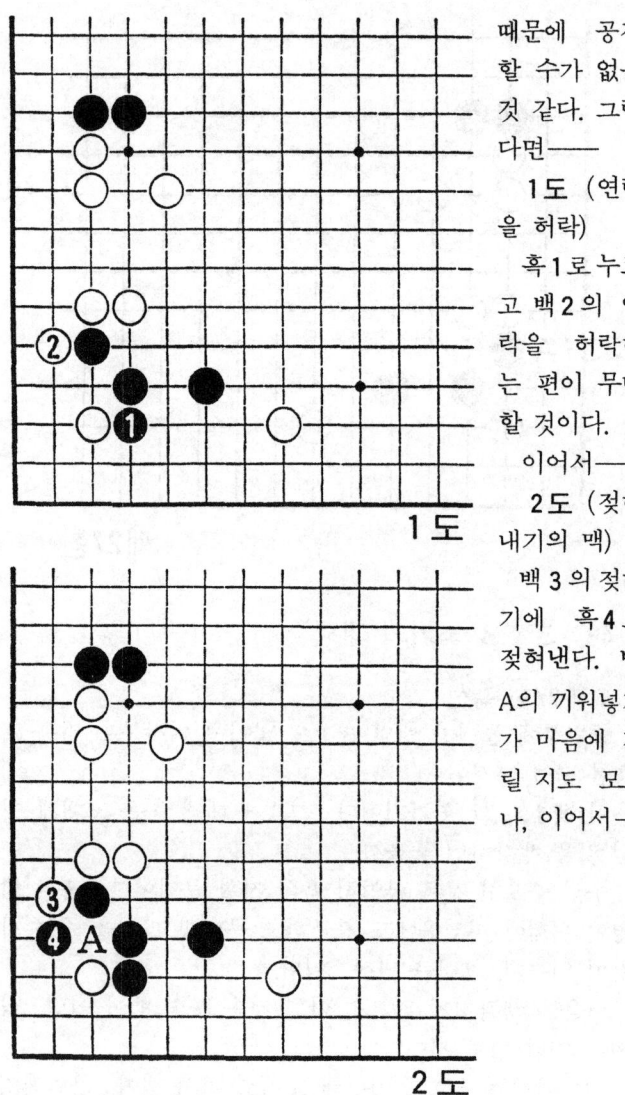

1 도

2 도

때문에 공격할 수가 없을 것 같다. 그렇다면——

1 도 (연락을 허락)

흑1로 누르고 백2의 연락을 허락하는 편이 무난할 것이다.

이어서——

2 도 (젖혀내기의 맥)

백3의 젖히기에 흑4로 젖혀낸다. 백A의 끼워넣기가 마음에 걸릴지도 모르나, 이어서—

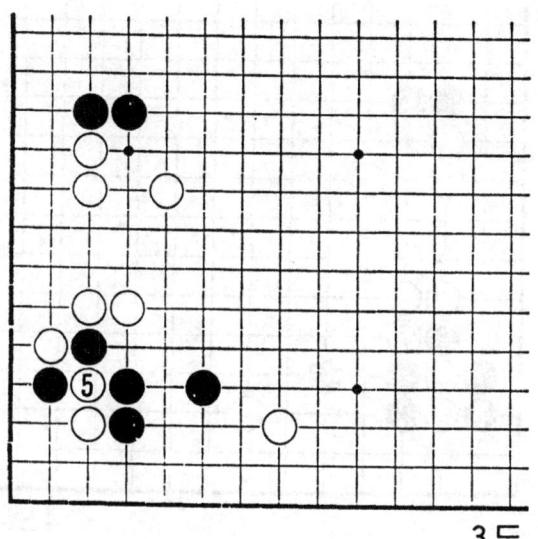

3 도

3도(끼워넣기)

백 5 때 혹은 냉정하게 처리하면 문제는 없다.

이때 다음에 혹이 어떻게 대처해야 할까를 생각한다.

4도(맥)

혹 6으로 젖히는 것이다.

백은 7로 취하는 한 수(참고도 참조)인데, 이때 혹 8로 단수. 이것으로 혹의 살기는 확보되고, 윗쪽의 백의 땅이 굳어졌다고는 해도 본래 강한 돌이었으므로 조금도 아까울 것은 없다.

게다가 백의 땅이 느는 것도 그다지 크지 않고, 혹으로써는 충분히 납득이 가는 가르기라고 할 수 있을 것이다.

이 맥 등도 기본 중의 기본이므로 눈을 감고도 놓을 수 있을 정도로 훈련해 두기 바란다(단 형의 구별은 분명히

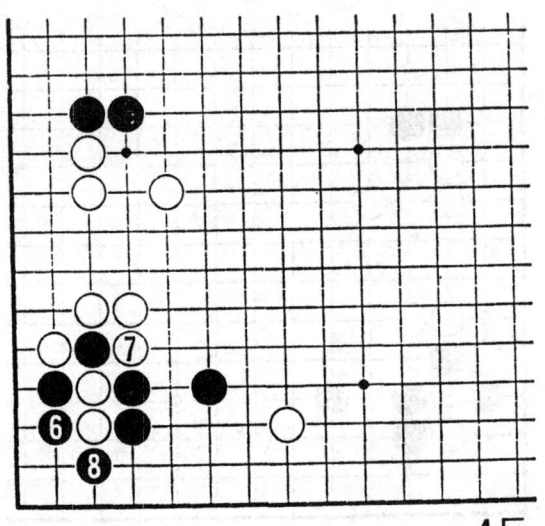

4도

해둘 것).

　◪ 불안이 없다

　참고도(백은 무리)

　4도 백7로 취하는 한 수——라고 하는데, 만일 이 그림 백1로 뻗어 내면 어떨까?

　이것에는 흑2로 잇고 A로 안아 흑B의 눌러 넣기가 균형이 되게 한

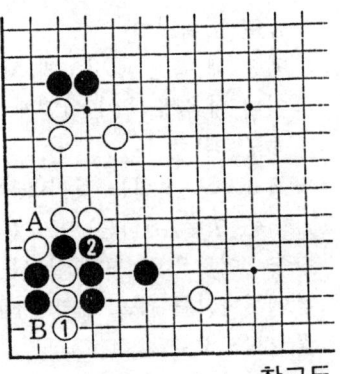

참고도

다. 예를 들면, 백A라면 흑B로 백 아래쪽의 세 점을 잡는다.

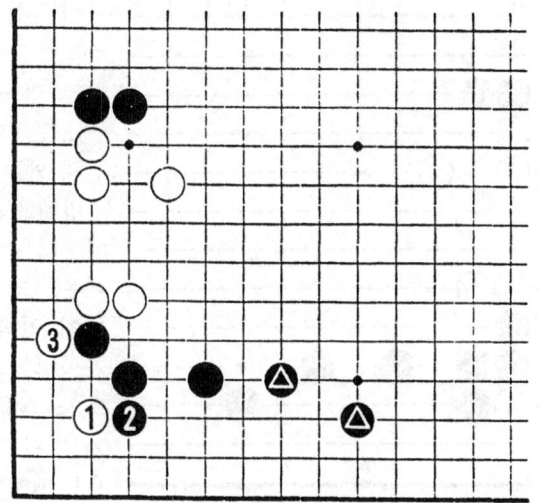

제28형

○제28형 흑선

앞 형과 달리 오른쪽에 ●가 있다고 가정한다.

이 경우는 흑이 잡힐 걱정을 할 필요가 없다. 그렇다면 흑으로써는 조금이라도 땅을 확보할 수 있도록 노력해야 할 것이다.

1도(밀기)

이 경우 흑1로 놓는 편이 다소 땅에서 득이 된다.

백2에 흑3으로 끊는 것이다. 즉 흑의 땅을 확보하고 싶을 때에는 이렇게 놓아야 하는 것이다.

다소 어려운 맥이지만 이 뒤 흑은 시기를 보아 흑A로 젖히고, 백B의 누르기에 대해 흑C로 내려(선수가 된다) 두는 것이 호수맥이다..

백은 후수로도 D로 취해두지 않으면 안된다.

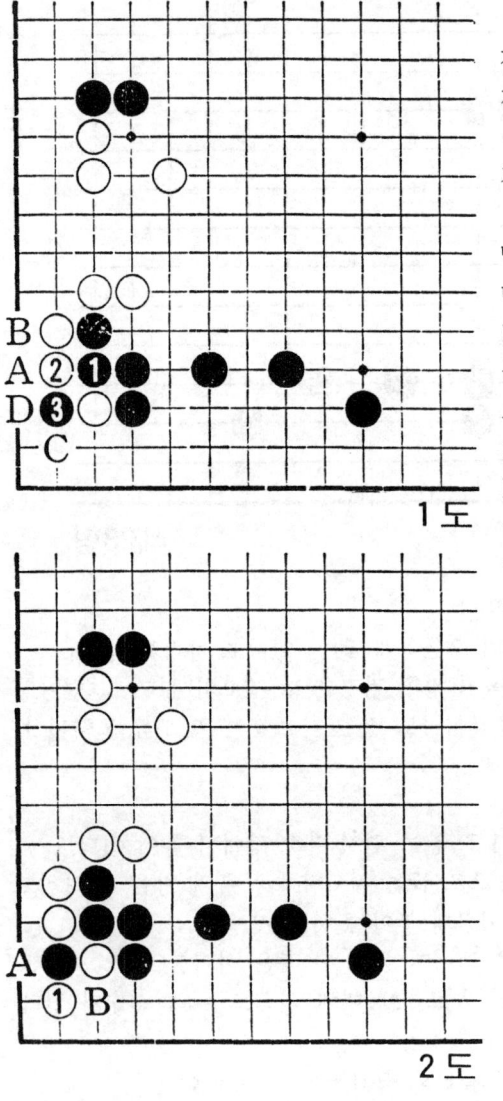

1도

2도

어째서 그 수가 호수맥인가 하면——

2도 (되대기의 맥)

방치해 두면 백부터 1로 되대는 침략의 맥이 있기 때문이다. 흑A로는 끊을 수가 없다. 백에 B로 이어져 잡히기 때문이다. 백1에 이어 흑B, 백A가 되는 것이다.

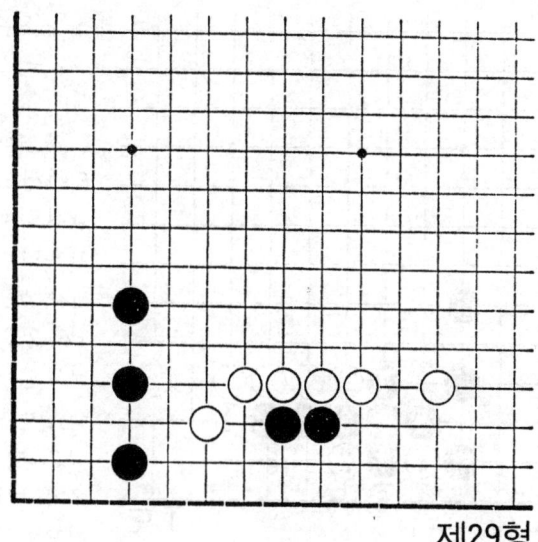

제29형

44. 아래에 붙여 연락하는 맥

○제 29 형 흑선

이 그림은 맥을 나타내기 위하여 만든 것이다.

흑의 다음 한 수는 어떤 것일까?

1 도 (맥)

흑 1 의 붙이는 한 수이다. 이것으로 오른쪽의 흑 두 점이 완전히 살아났다는 것은 아니지만(참고도 참조), 적어도 무조건 잡히는 것 보다는 낫다는 것이다.

백이 2 로 젖혀내면 흑 3 으로 끊는다. 백 4 의 안기에 흑 5 로 끊고, 갑자기 백 6 으로 빼면 흑 7 로 끊어 백을 봉쇄하는 것이다.

백은 1 로 잇는 정도도 불가능하여 (2 도 참조) 백 8 로

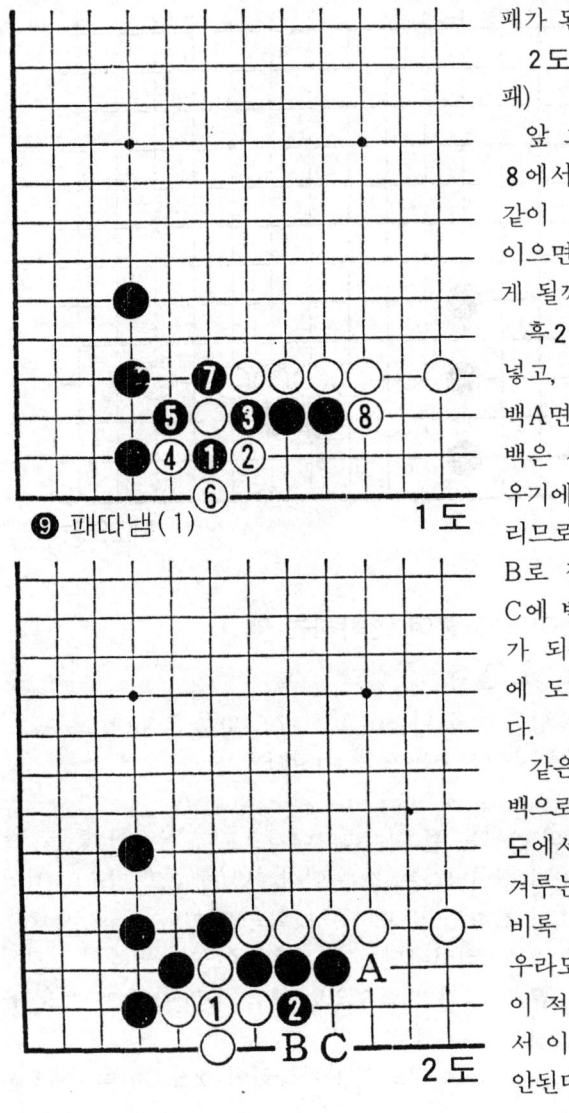

9 패따냄(1)   1 도

B C   2 도

패가 된다.

2 도 (역시 패)

앞 그림 백 8에서 이와 같이 백1로 이으면 어떻게 될까.

흑2로 눌러 넣고, 다음에 백A면 흑B로 백은 서로 싸우기에서 져버리므로, 백은 B로 젖혀 흑C에 백A로 패가 되는 수밖에 도리가 없다.

같은 패라도 백으로써는 1 도에서 패를 겨루는 편이 비록 지는 경우라도 손실이 적다. 따라서 이 백1은 안된다.

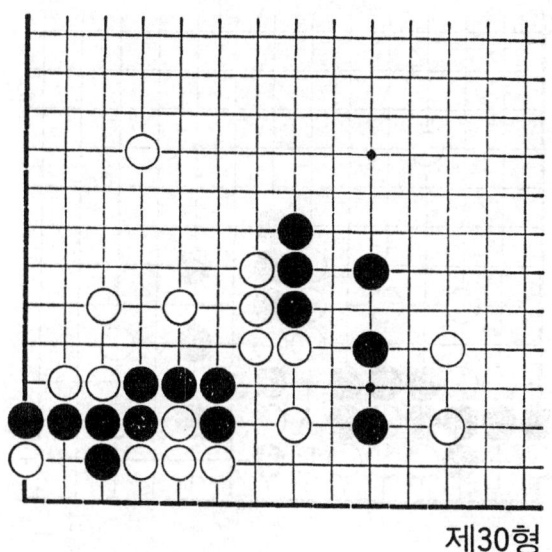

제30형

45. 분단하는 맥

○제 30 형 흑선

좌하 구석의 흑은 핀치이다. 그러나 아직 잡힌 것은 아니다.

이런 경우 흑으로써는 어떻게 하면 구출할 수 있을까?

1 도(맥)

이 형에서는 흑 1 의 갈라넣기부터 가는 것이 바른 수순이다. 만일 백 2 로 받으면 흑 3 으로 아래에 붙이고, 좌하의 백 네 점을 분단할 수가 있다.

다음에 만일 백 A 라면 흑 B 이고, 또 백 B 라면 흑 A 이다.

또 이 형에서 주의를 필요로 하는 것은 흑 1 에서 흑 3 의 붙이기로 가서는 안된다는 점이다. 백에 A 로 대응되

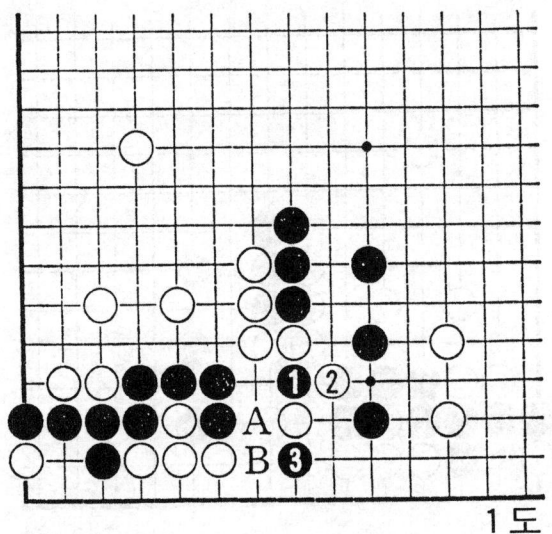

1 도

어 수가 되지 않는다.

◯ 속수에 주의

참고도(탈출 불가능)

흑 1 로도 수가 될 것
처럼 보이지만 백에 2
로 받아져, 흑 3 이하로
발버둥쳐도 백 8 까지로
수습되어 흑의 큰돌은 탈
출할 수 없다.

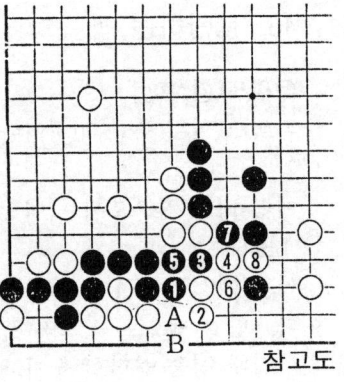

참고도

예를 들면, 흑 A 로 놓
아도 백 B 로 수가 되지 않는다. 각자 그것을 확인하기 바
란다.

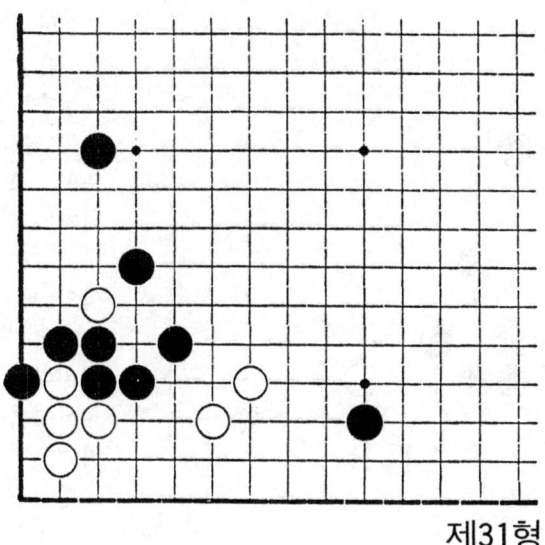

제31형

46. 붙이기 맥, 뻗기 맥

○제31형 흑선

이것은 백의 양쪽 걸침의 정석에서 가능한 형이다.

백의 얇은 맛을 붙여 흑의 급소는 어딘지 알 수 있을까?

1도(맥)

흑1의 날카로운 붙이기 맥이다. 이어서 백A로 누르면 흑은 B로 당겨 충분하다. 백도 C로 잇는 정도일 것이다.

흑1, 백A에 대해 흑C로 끊고, 백D로 단수한 때에 흑E로 단수하여 패로 하는 맥인데, 그것은 패에 진 때 큰일.

따라서 이 맥은 윗쪽의 흑이 상당히 강화되고, 패에 져도 걱정이 없는 형이 될 때까지 놓는 것은 위험하다.

흑1에 대해──

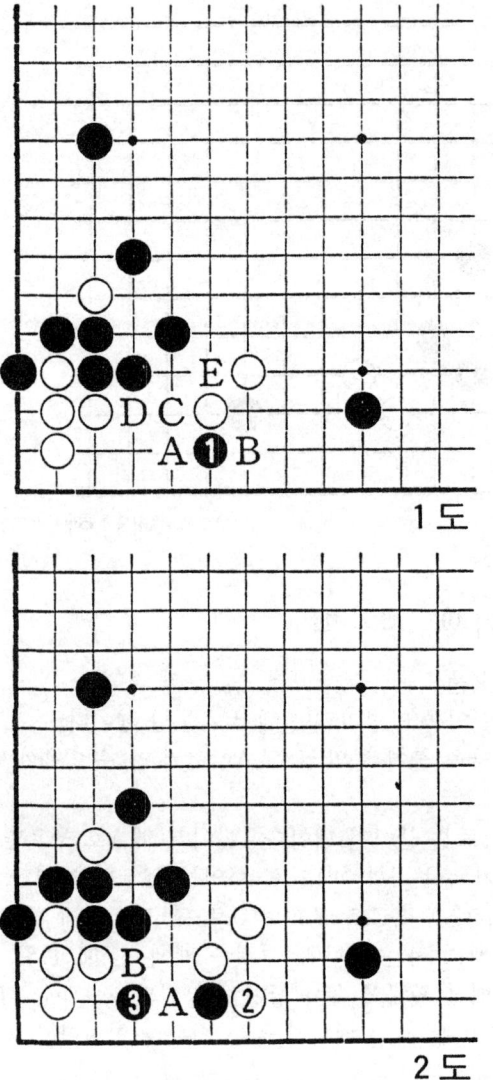

1 도

2 도

실수로 백2로 고집을 피우면 흑3의 뛰기가 호수맥이 되고, 구석의 백 네 점은 분단되어 버린다.

이어서 백A라면 흑B로 그만 붙어있다. 이 흑3 등은 맥 중에서도 멋진 것 중의 하나이다.

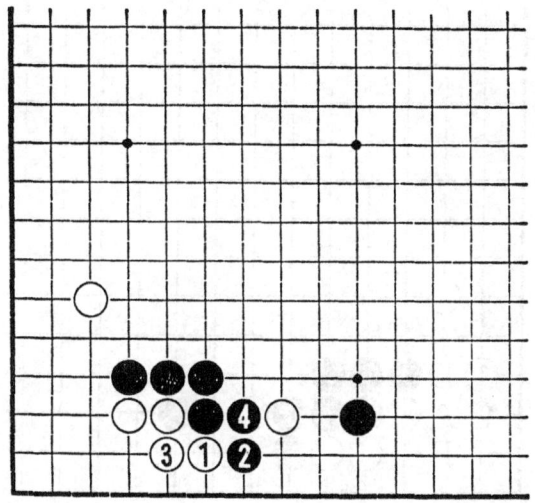

제32형

47. 건너기 맥

○제32형 백선

백은 여기에서 1·3으로 젖히는 정도가 알맞은 수이다.
다음에 좌상과의 연락을 보고 있기 때문이다.
여러분은 어떻게 연락하겠는가?

1도(맥)

백1의 날일자로 건너는 것이 호수맥이 된다. 이것으로 백
은 아무런 불안없이 연락하고 있다.

다음에 흑A로 젖혀 내가면 일단은 백B로 받는 것이 중
요한 응수가 된다. 다음에 강인하게 흑C로 내면, 이번에
는 백D로 끊으면 좋은 것이다. 또 흑A에 백D로 곧 끊
는 것은 흑B로 네 점이 취해져 버린다.

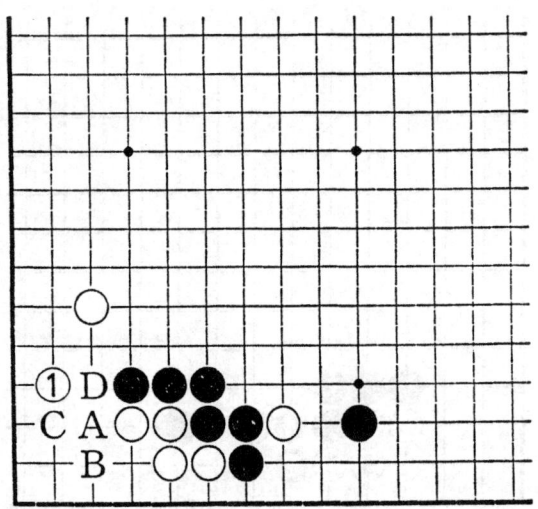

1 도

☒ 속맥에 주의

참고도(건너지 않는다)

이 백 1 에 건널 수 있을 것 같으나, 혹 2 로 쳐 들어오는 맥이 있어 백은 곤란하다. 이어서 백 3 정도인데 혹 4 · 6 으로 상하로 분단된다.

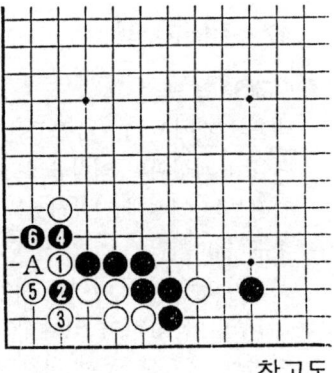

참고도

또 백 3 에서 백A 라면 혹 3 으로 백 네 점이 취해진다는 것은 전술한 것과 같은 형이다.

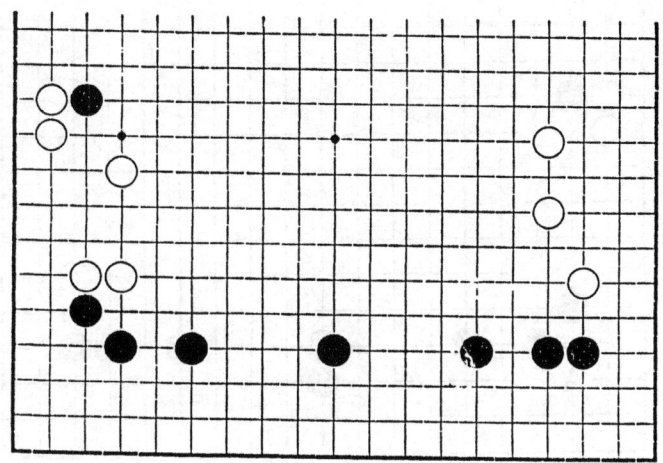

제33형

48. 모양을 굳히는 중심 점 ── 철주

○제33형 흑선

이것은 맥의 문제로써는 부적당할지도 모른다.

그러나 모양을 굳히는 맥으로써 알아두었으면 하여 다루었다.

1도(철주)

흑1이 그것이다. 이것으로 아래쪽의 흑의 모양이 매우 단단해진다. 거의 백의 침략은 없을 것이다. 또 백A의 3·3 넣기에는 흑B이다.

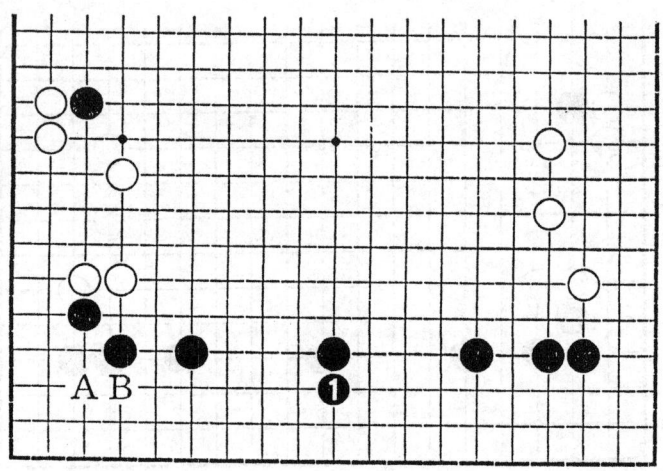

1 도

◇ 침략
을 막는 증
명
　참고도
(연락)
　보통 백
1로 쳐들
어와도 흑
2로 대응

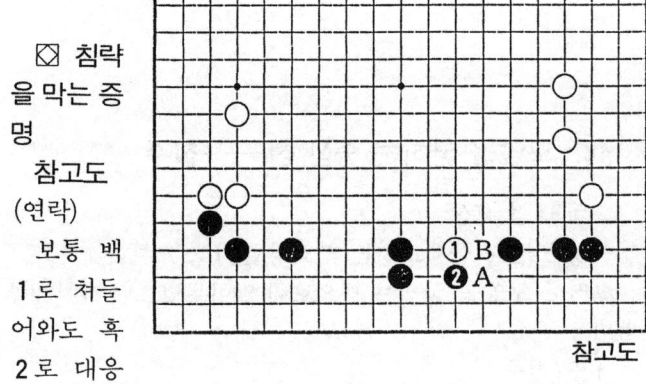

참고도

하여 지장이 없다. 이어서 백A라면 흑B로 끊으면 좋다는
것은 새삼스럽게 설명할 필요도 없을 것이다. 또 백1에
서 2라면 흑1이다.

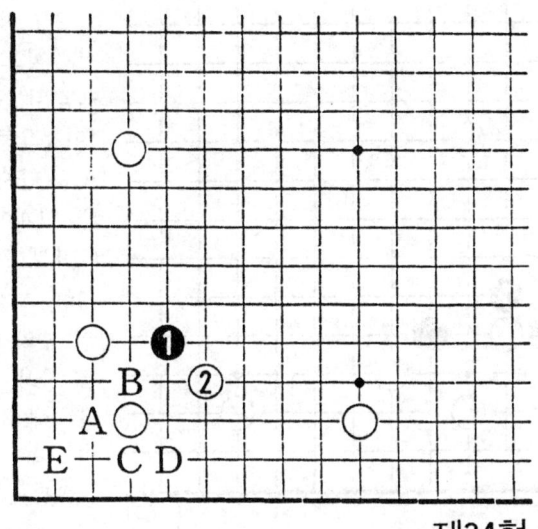

제34형

49. 모양을 없애고 칼끝을 에워싸는 맥

○제34형 흑선

흑1은 이런 백의 준비(모양)를 없애는 것이 포인트가
된다

이때 백이 2로 대응하면 흑은 어떻게 푸느냐 하는 문
제이다.

흑으로써는 A로 붙이고, 백B에 흑C, 백D, 흑E로 붙여
이어 버티는 수도 있으나, 대부분의 경우——

1도(맥)

흑1로 붙이고 백2의 젖히기에 흑3으로 엇갈려 끊는
것이 좋은 수습의 맥이 된다.

백에도 여러 가지 대응 방법이 있으나——

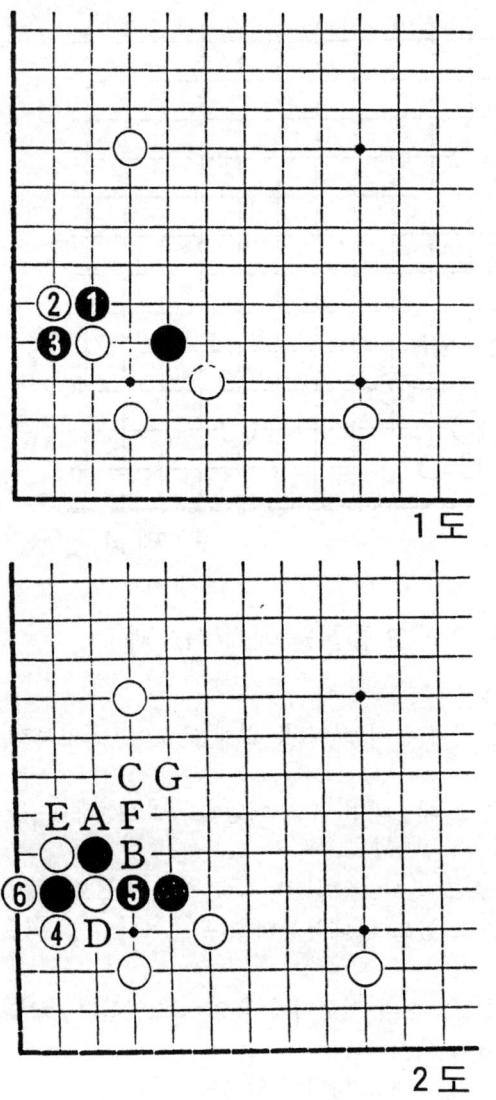

1 도

2 도

2도(변화)
상식적으로는
백 4 의 안기
(이것으로 백
A로 단수, 흑
B, 백 4 에 흑
C의 맥이있다)
이다. 흑은 우
선 5 의 단수
를 살려 백의
응수에 답한
다.
백D로 이으
면 이번에는
더욱 흑E로
단수, 백 6 취
하기 때 흑F
의 걸쳐잇기,
또는 가볍게
흑G로 뻗어내
도록 하여 푸
는 것이다.
그와 같이
잘 풀리면 백
도 괴로움으
로, 보통은 잠
자코 백 6.

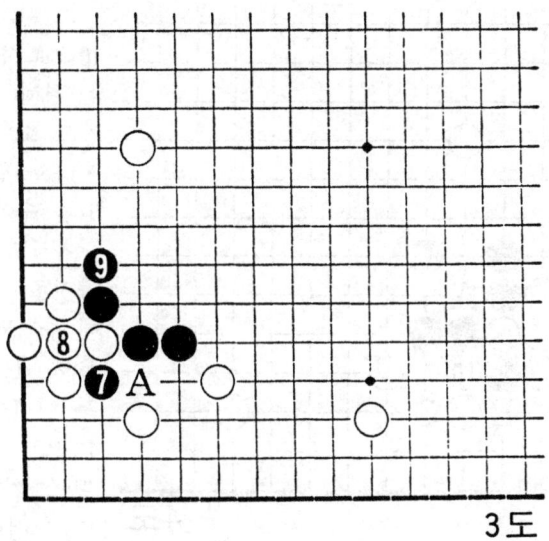

3 도

3도(절대적인 단수)

혹은 7 의 단수를 살린다. 백A로 끊으면 패이지만 어지간히 패 재료의 은혜를 입지 않는 한, 혹으로써는 꽃놀이패이므로 위험하다.

우선 백8로 잇는 것을 생각해도 틀리는 않을 것이다. 그리고 혹9로 뻗는 것이다. 문제는 이 다음이다.

4도(묘수)

혹은 11로 형에 붙인다. 이것은 이미 서술한 형으로 여러분도 곧 알았을 것이다.

백A로 끊는 수는 혹11의 장문으로 잡혀 있으므로 걱정은 없지만, 백부터 11로 급소를 빼어가면 전체의 혹돌이 무거워져 그 처치에 고심하게 된다. 그것을 미리 막아야 하는 것이다.

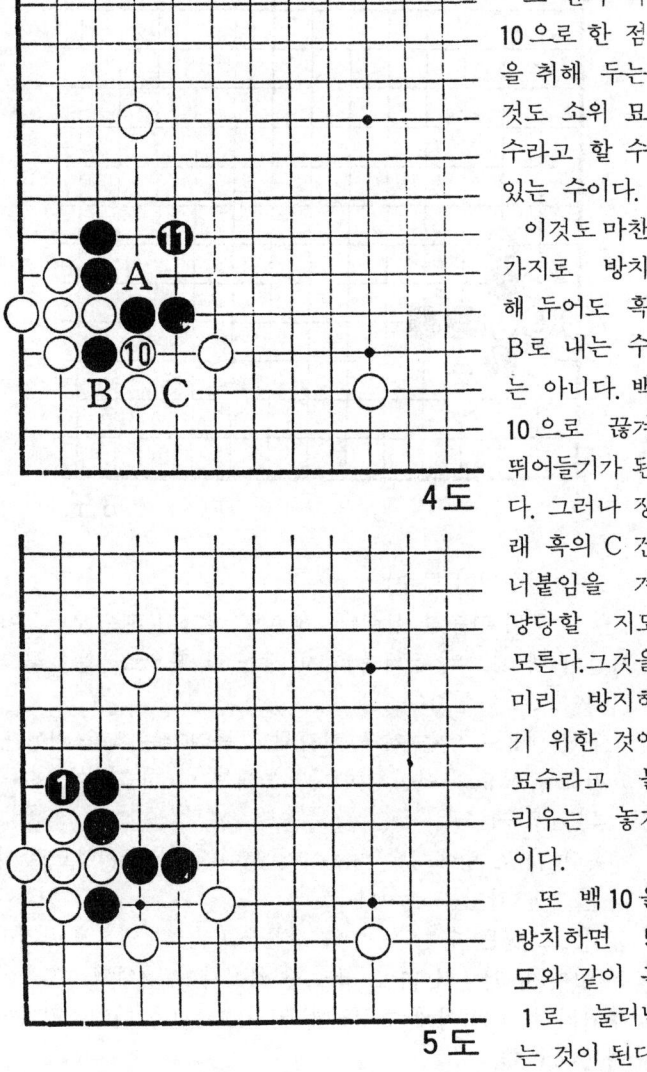

4 도

5 도

그 전의 백 10으로 한 점을 취해 두는 것도 소위 묘수라고 할 수 있는 수이다.

이것도 마찬가지로 방치해 두어도 흑 B로 내는 수는 아니다. 백 10으로 끊겨 뛰어들기가 된다. 그러나 장래 흑의 C 건너붙임을 겨냥당할 지도 모른다. 그것을 미리 방지하기 위한 것이 묘수라고 불리우는 놓기이다.

또 백 10을 방치하면 5도와 같이 흑 1로 눌러넣는 것이 된다.

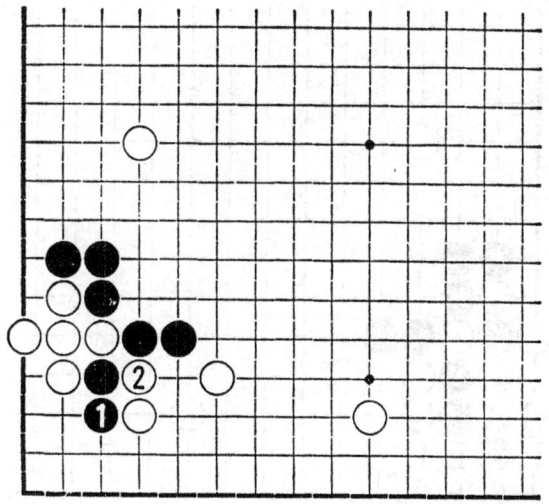

제35형

○제35형 흑선

앞 페이지 5도 흑1에 대해 또 백이 방치하면 어떻게 될까—— 생각해 보자.

즉 흑1의 나가기가 있는가, 없는가 하는 문제이다. 당연히 백은 2로 끊어갈 것이다.

그리고——

1도(맥)

흑1의 마늘모가 호수맥이 된다.

다음에 백A라면 흑B로 이어 수가 된다. 또 백B라면 흑A이다. 백B, 흑A의 때 백C로 뻗고, 흑D의 끊기에 백E로 버티는 수도 없지는 않다. 흑F에 백G로 건너 패에 버티는 수이다.

그러나 이 패싸움은 흑은 취하여져도 본전이고, 백이 패

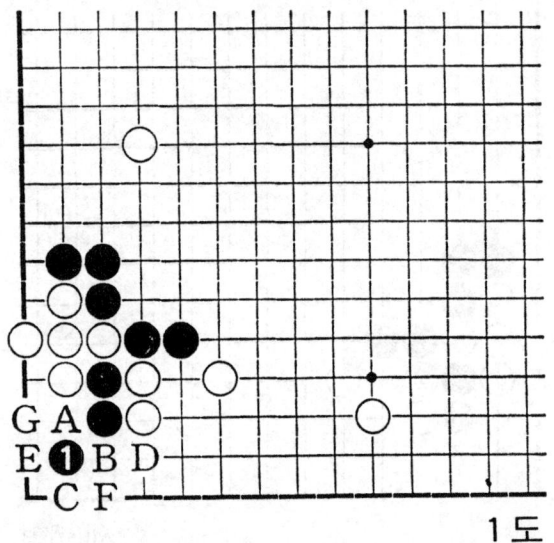

1 도

에서 지면 피해가 심하기 때문에 싸움이 되지 않는다.

⊠ 속맥에는 맥

참고도(배 붙이기)

1 도 흑 1 의 마늘모가 맥이라고 말하지만, 즉 이 흑 1 로 눌러넣는 것은 속맥이 되는 것이다.

이미 여러분이 아는 백 2 의 배 붙이기 맥이 있어서 흑은 져버린다. '적

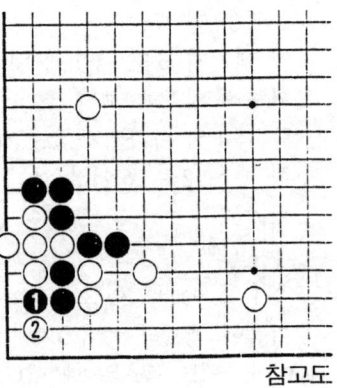

참고도

의 급소는 자신의 급소' 1 도 흑 1 은 이 그림 백 2 로 같은 위치가 된다.

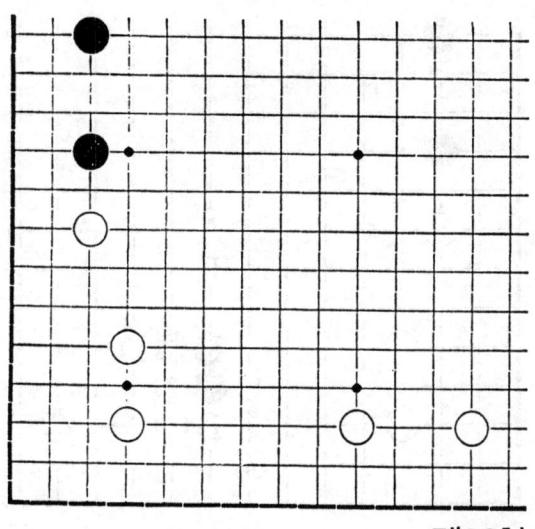

제36형

50. 모양을 없애는 맥——어깨 붙이기

○제36형 혹선

이것도 실전에서는 자주 사용되는 맥이므로 다루었다.

백 모양에 대해 흑은 어디부터 없애가야 하는 것인가?

1도(패턴)

흑1로 어깨를 붙이는 것이 맥이다. 백2 이하 흑5 까지는 하나의 패턴이다. 또 흑5에서는 A로 위로 뛰어 도망가는 수도 있다. 다만 이 흑1이 성립하는 것은 백2로 민 때 ◎와의 간격이 좁다 라는 조건이 있는 경우이다. 백의 형이 고리형이 되므로 이렇게 굳혀도 좋다는 사고 방식이다.

백2에서는 B로 넣고, 흑C에 백D 그리고 흑E가 되는 것도 있다.

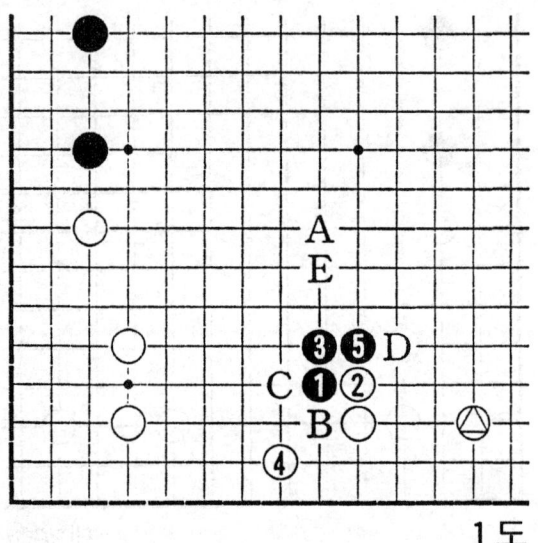

1 도

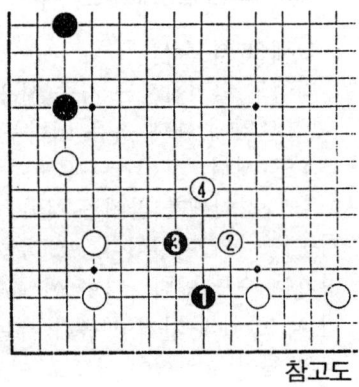

참고도

◻ 깊이 넣기는 금물
참고도 (공격당한다)

상대의 모양을 우선 없애는 것을 생각해야 한다. 어떻게 해서든지 뛰어들어 제로가 되게 하겠다── 하는 욕심은 부리지 않는다.

이 흑1과 같이 깊이 침입하면 '공격은 날일자'의 격언대로 백에 **2·4**로 공격당해 비록 산다고 해도 득이 없다.

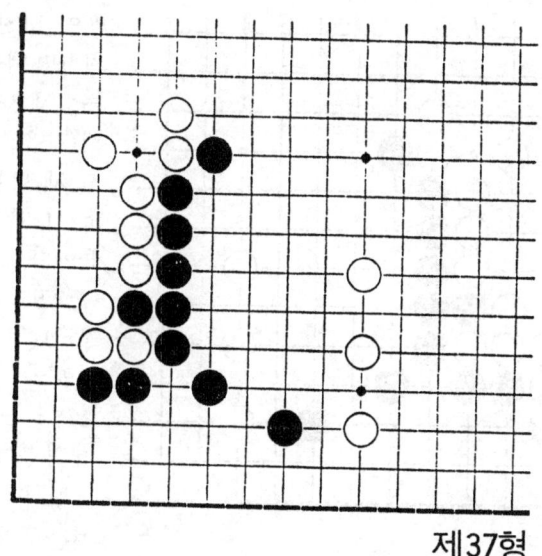

제37형

51. 큰 젖혀잇기의 겨냥

○제37형 백선

자주 나오는 것이다. 좌하 구석을 백부터 어떻게 끌어 모으느냐, 또 그 뒤의 목표 맥은 무엇인가를 테마로 해보 았다.

1도(단순한 끌어모으는 방법)

이것은 백1·3으로 젖혀이은 참이다.

제2선의 끌어모으는 방법으로써는 선수를 취하는 방법 으로써 백1의 젖히기에서 백3으로 내리는 방법도 있다. 침략을 막기 위해서 흑1로 누르면 백A, 흑B, 백C, 흑2가 되는데, 백은 선수로 끌어모으게 된다.

그러나 이 형에서는 비록 후수라도 젖혀이어 두고 있다.

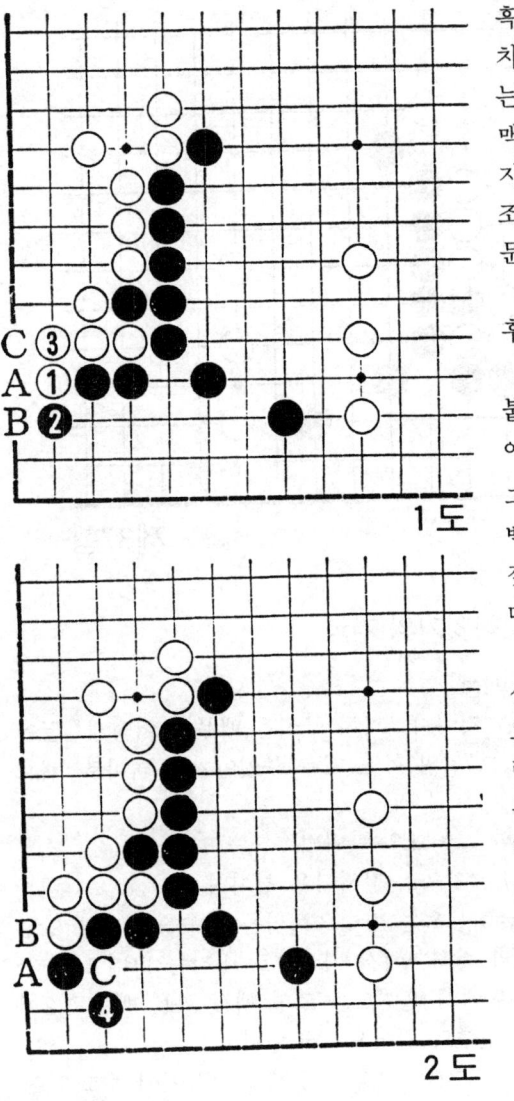

1 도

2 도

혹이 만일 방치하면 백에게는 제 2 탄의 맥(다음 페이지 제 38 형 참조)이 있기 때문이다.

2 도(혹은 후수)

혹도 4 로 붙여잇는 것이 보통이지만, 그렇게 되면 백은 선수로 젖혀잇게 된다.

또 혹 4 에서는 자주 A로 내리는 사람을 볼 수 있는데, 그것은 백 B의 누르기가 선수(백 C의 끊기가 성립)가 되기 때문에 득이 되지 않는다.

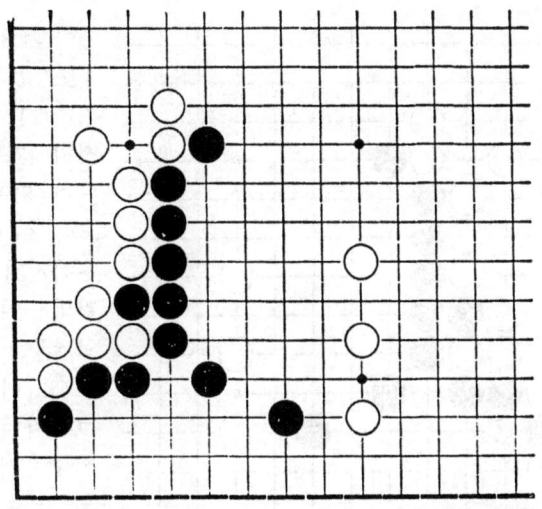

제38형

○제 38 형 백선

혹이 만일 앞 페이지 2도와 같이 후수를 당기게 되는 것을 꺼려 그대로 방치해 두면 어떻게 될까?

이 그림이 그것이다.

백부터 끌어모으는 수가 있을 것이다.

1도(맥)

백부터 1로 끼워붙이는 맥이 있다.

이 맥은 반드시 구석에서만 생기는 것은 아니다.

혹이 A로 차단하면 백은 B로 끊는 수가 된다. 따라서 백1에 대해서는──

2도(굴복)

혹2로 굴복시키지 않을 수 없다. 백은 선수로 3으로 건넌다.

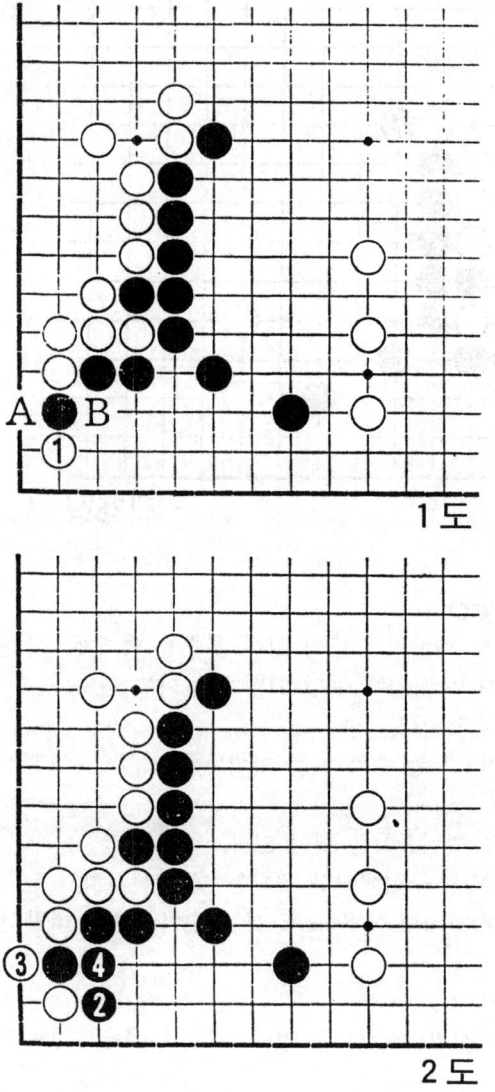

즉 제 37 형 1 도(앞 페이지) 백1, 3의 젖혀잇기는 후수가 되어 있으나, 이형 2도까지의 침략의 여지를 남겨둔 끌어모으기이므로 그다지 큰 끌어모으기라고는 할수 없다.

끌어모으기는 우선 선수부터

상대가 받지 않으면 안되는 경우가 선수이고, 그 이외는 후수이다.

1 도

2 도

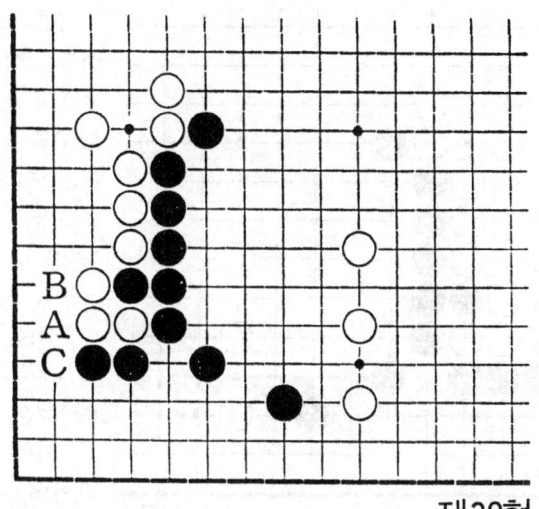

제39형

○제39형 흑선

그러면 이번에는 흑의 입장이 되어 어떻게 끌어모을 것인가를 생각해 보자.

보통 흑A로 젖혀 백B, 흑C로 이어도 결코 작지는 않지만, 그것은 후수이다.

따라서 여기에서는——

1도(내리는 맥)

단순히 흑1로 내리는 편이 맥이라는 것이 된다.

만일 백A로 누르면 흑B로 젖혀져 백은 C로 받지 않을 수가 없다. 그 다음 흑D, 백E, 흑F가 또 선수로, 백의 땅은 상당히 줄게 된다.

또 흑1의 내리기에 백이 손을 뺀다고 하면 어떻게 될까?

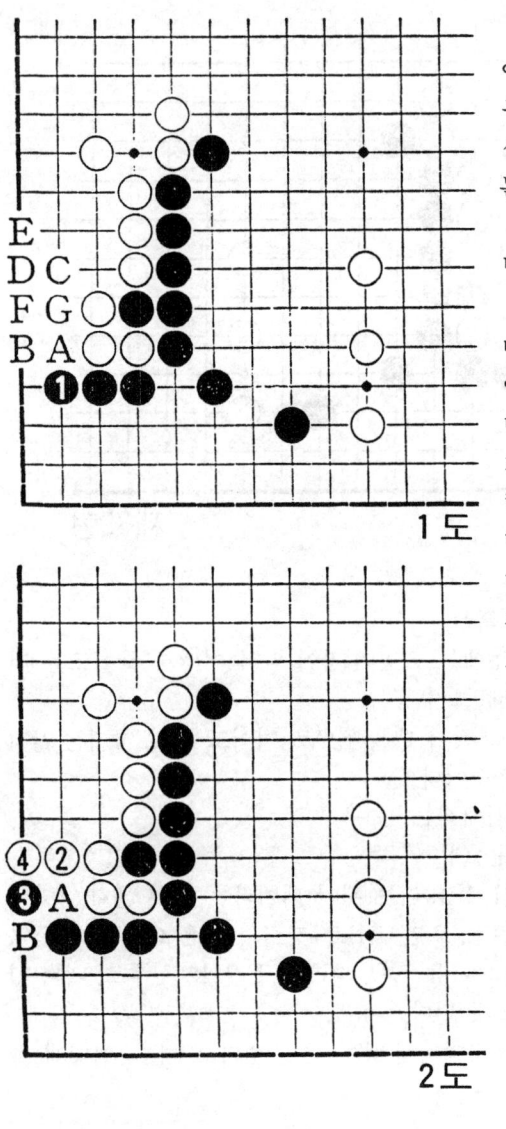

1도

2도

흑은 G로 붙
이고, 백C에
흑A의 단수를
선수로 정하
는 것이 된다.

2도 (받는
방법)

백도 2로
대응하는 것
이 바른 맥이
다. 흑3, 백4
가 되어 일단
락인데, 이 뒤
백A, 흑B가 된
때, 백A는 백
의 권리라고
보아야 할 것
이다.

흑이 1도
1로 내리고
2도와 같이
되든지, 37형
1도 백1·3
으로 젖혀이
어 같은 2도
흑4로 되든
지 하면 선수
6집의 차.

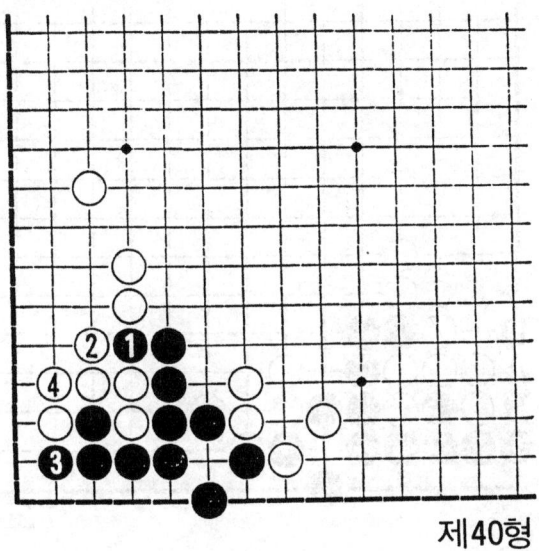

제40형

52. 큰 내리기의 맥

○제40형 흑선

역시 끌어모으기의 문제이다. 이 구석 부분에 한정하여 생각해 보자. 흑1로 내어 3으로 누른다. 백도 4로 잇는 정도이다. 흑부터 4로 취해지는 것이 크기 때문이다.

실은 이 뒤의 끌어모으기가 문제이다.

1도(내리기)

여기에서는 흑1로 내리는 것이 끌어모으기의 맥이 되어 있다. 백이 만일 손을 빼면 흑A로 붙이는 끌어모으기 맥이 있다.

백B로 차단하면 흑C로 찌부러져 버리므로 흑A에는 백 D로 받고 흑B에 백E로 걸쳐잇지 않으면 안된다. 이 선

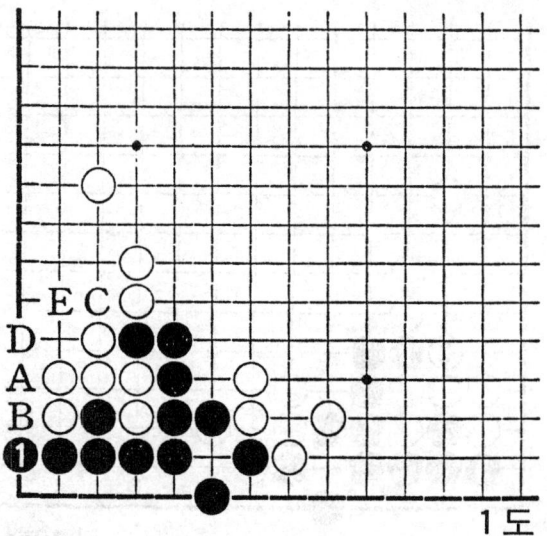

1 도

수의 끌어모으기를 무시할 수 없으므로 백B로 대응하는
것이다.

◨ 속수에 주의

참고도(무책)

맥을 모르는 사람은 대
부분 흑1 · 3 으로 젖혀
잇기를 생각한다. 이것은
1도 흑1, 백B가 되는
것 보다도 혹은 한 집 득
이다. 그러나 한 집을 득
이 되게 하기 위해 후수
를 당기면, 물론 끌어모
으기로써는 실패이다.

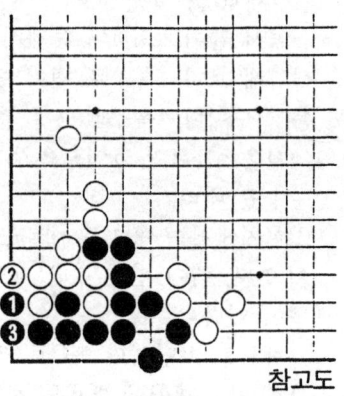

참고도

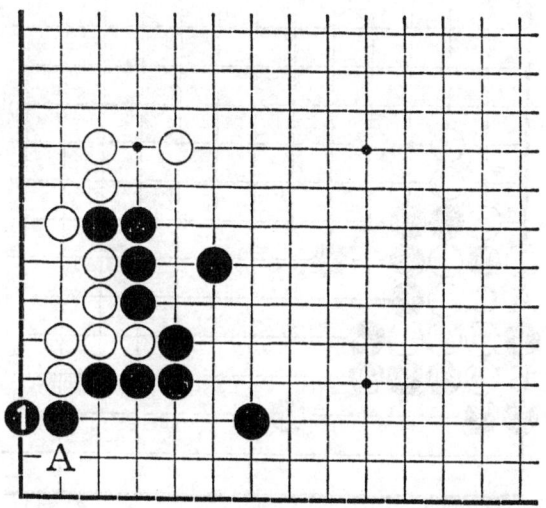

제41형

○제41형 흑선

제1선으로의 내리기를 특히 '접어끊기' 라고 부르고 있다.

이 접어끊기의 맥은 중반에서도 여러 가지 작용을 보이지만 종반에서도 활약한다.

이 흑1의 접어끊기가 상당한 맥인 것이다. 백에게 선수로 1로 젖혀져 흑A로 늦추지 않으면 안될 것을 생각하면 이 차는 결코 작지 않다.

흑1에 대해 백이 손을 빼면 흑은 어떻게 놓을 수 있을까?

1도(맥)

흑1의 쳐들어가기가 정해. 중요한 수순인 것이다. 백도 2로 안는 정도이지만 그때 흑3으로 붙이는 맥이 생

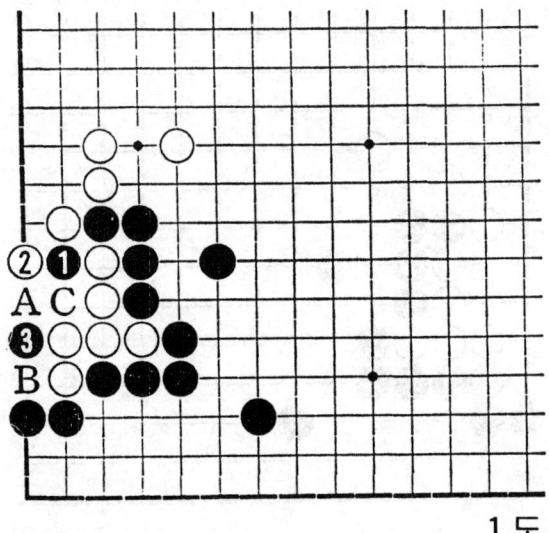

1 도

긴다. 이것은 선수이다. 백은 어쩔 수 없이 A로 대응하
고 흑B, 백C가 되는 것이다.

◻ 수순에 주의

'참고도 (중요한 수순)

수순을 바꾸어 흑 1 의
붙이기부터 놓아보았다.

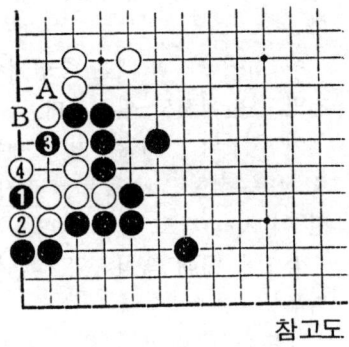

참고도.

그러면 백 2 로 차단하
는 수가 성립하는 것이
다. 이번에 흑 3 으로 쳐
들어가도 백 4 로 끊기
면 흑 1 · 3 의 두 수는
뛰어들기가 되어버린다. 다음에 흑A로 끊어도 백에는 B
의 내리기가 있는 것이다.

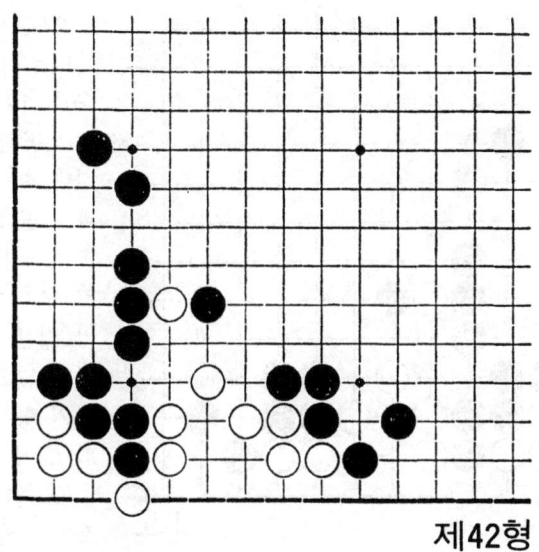

제42형

53. '2 · 1'에 수 있다(격언)

○제42형 흑선

좌변의 구석의 종반에 한정한다. 흑은 이곳을 어떻게 결정할 것인가—— 하는 문제이다.

1도(맥)

흑1 ('2·1'의 급소에 해당)의 붙이기가 맥이 된다. 어째서 이런 수를 놓는 것인지 생각해 보자.

백은 2로 차단한다. 그리고 흑3으로 눌러넣는 것이다. 이 뒤 만일 백이 손을 빼면 흑A의 패 수단(흑에게 있어서 꽃놀이패)이 있다. 따라서 백은 B로 한 점을 취하지 않으면 안된다. 즉 흑은 선수로 이곳을 결정하는 것이다.

그러나 이것을 결정하지 않고 있으면——

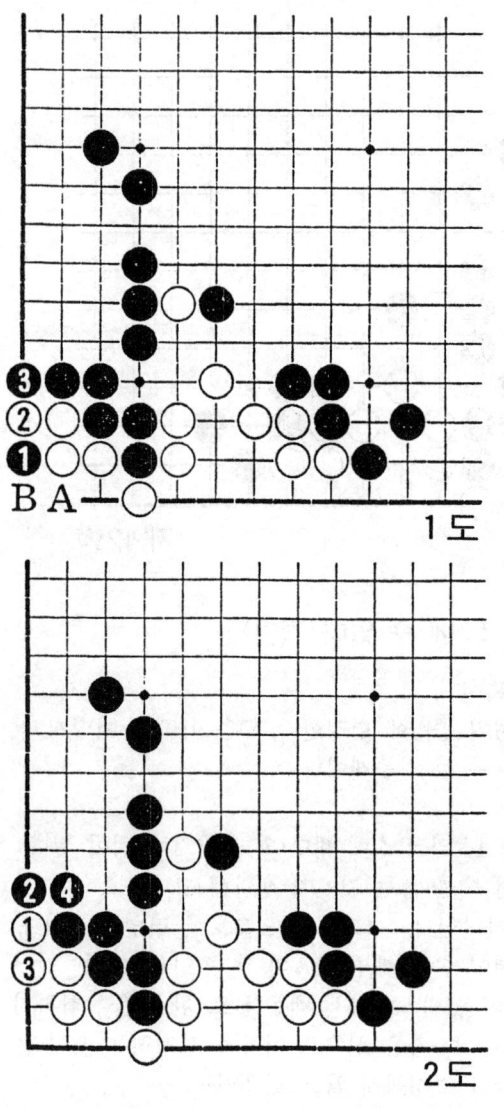

1도

2도

B A

196

2도(선수)

백부터 선
수로 1·3 으
로 젖혀이어
진다. 이 그림
과 1도를 비
교해 보면 잘
알 수 있다. 백
의 땅은 늘어
있지 않으나,
혹의 땅이 2
집 줄어 있다.

즉 1도는
혹이 선수로
2집의 득을 본
것이 된다. 그
것은 요컨대
혹의 붙임맥
의 효과였다.

이와 같이
2·1이 급소
가 되는 케이
스는 적지 않
다.

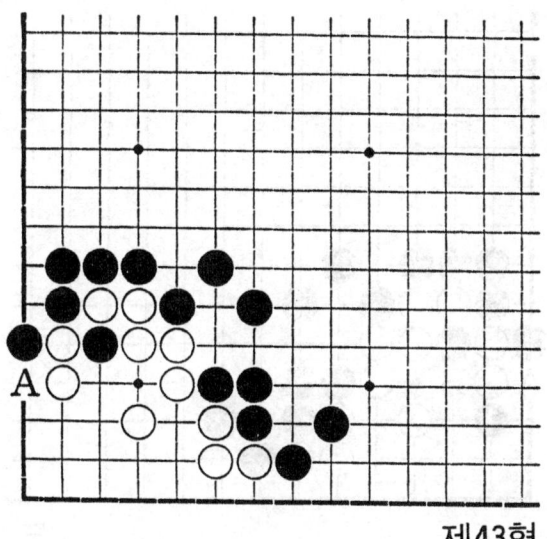

제43형

54. 붙이기의 맥

○제43형 혹선

A 주변의 종반에 한정한다. 보통이라면 혹A라는 수를 생각할지 모른다. 그것으로 선수로 끌어모을 수가 있기 때문이다.

그러나 잠깐 기다려라. 달리 방법은 없을까?

1도(맥)

이런 형에서는 혹1로 붙이는 것이 능숙한 맥이다.

만일 백A로 차단하면 혹B로 뻗어내어 백 세 점이 잡혀 버린다.

따라서 혹1에 대해서는 백B로 취하는 길 밖에 별 도리가 없다. 그리고 혹A로 건너 크게 침략할 수 있다.

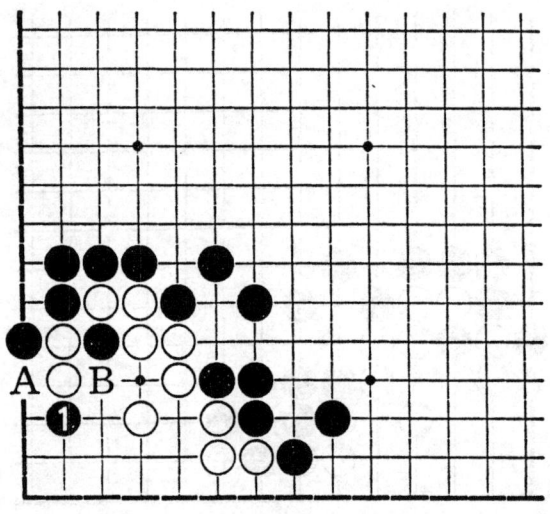

1 도

◨ 속수에 주의

참고도(구석 백의 땅의 차)

보통 혹 1·3으로 종반이라도 선수가 된다. 그러나 백 4 까지가 된 1도의 종반과는 구석 백의 땅이 상당히 다르다.

참고도

만일 섬세한 바둑이라면 이것으로 승부가 역전된다는 것도 충분히 생각할 수 있다.

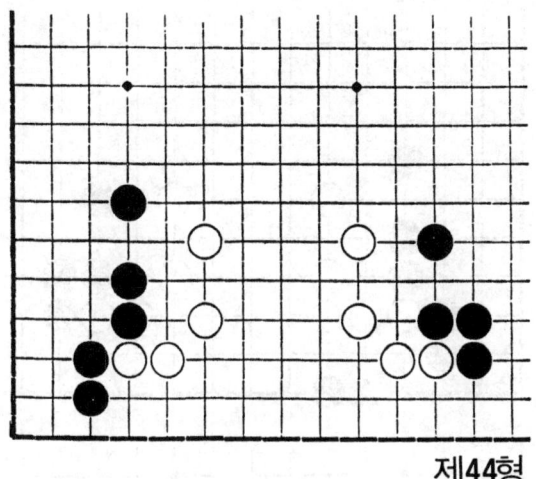

제44형

55. 원숭이 미끄러지기의 맥

○제44형 흑선

그러면 마지막으로 가장 기본이 되는 '원숭이 미끄러지기'의 맥을 보자. 이것은 초보자라도 대부분의 사람이 알고 있다.

다만 그 받는 방법에 대해서는 의외로 모르는 사람이 많다. 따라서 그 받는 방법을 중심으로 해서 서술해 보겠다.

1도(맥)

흑1의 눈목자 달리기가 소위 '원숭이 미끄러지기'의 맥에 해당한다.

이것으로 흑A로 날일자로 달리는 경우도(작은 원숭이 미끄러지기라고 한다)있지만, 여기에서는 큰 원숭이 미끄러지기를 다루겠다.

2도(받는 방법)

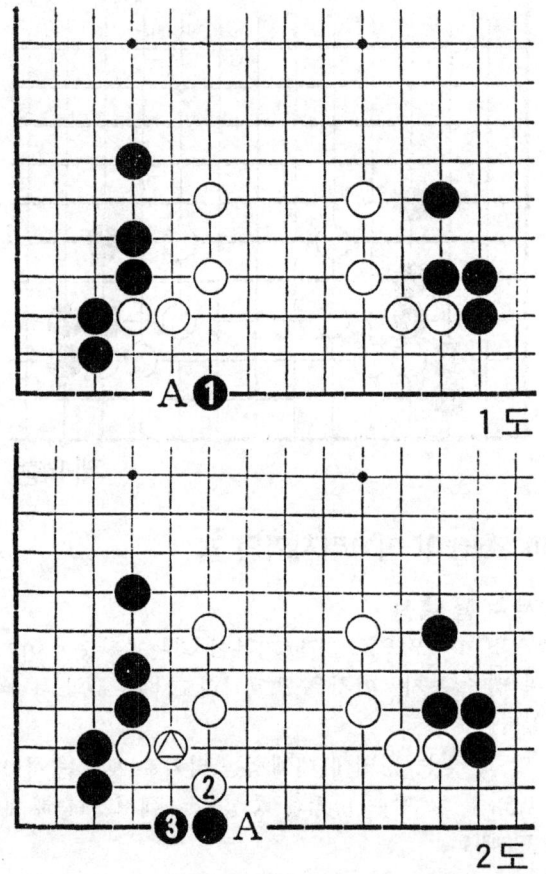

1 도

2 도

백은 2로 머리 위로 마늘모 붙이기를 놓는 것이 보통
이다.

혹A로 침입하면 백3으로 차단당해도 뛰어들기가 된
다. 따라서 혹으로써는 3으로 당길 것이다.

다만 이 백2가 성립하는 것은 미리 ⊘에 백돌이 있는

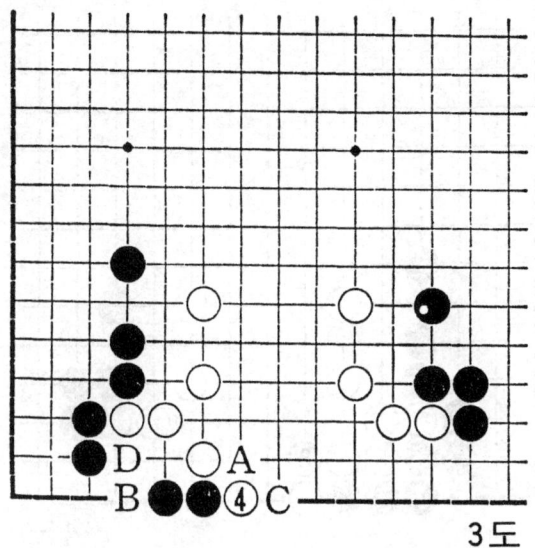

3도

경우에 한해서이다. 흑3에 이어서──

3도(누르기)

백4로 누르는 것이 초보자로써는 놓을 수 없는 맥이다. 흑A로 끊기는 것이 두렵기 때문이다.

그러나 이때 흑A로 끊으면 백은 B 부터 되대어 흑을 집 어먹을 수 있는 것이다.

이어서 흑C로 취하면 백D이다.

흑도 4에 이어서──

4도(일단락)

5로 연락하는(흑7로 연결하면 손해가 된다) 정도이므 로 백6으로 단수를 걸쳐 백8로 이어 일단락이 된다.

이상 1도 흑1의 원숭이 미끄러지기에 대해 2도 백2 이하의 응접은 기본적인 것으로써 외워둔다.

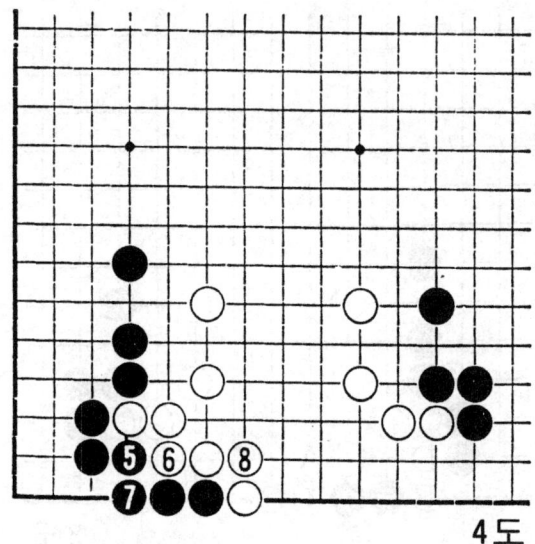

4도

다만 앞에서도 말했듯이 주위의 상황에 따라 응접 방법
이 바뀌게 된다. 따라서 그것을 주의하면서 놓도록 한다.

◇ 받는 방법에 주의

참고도(다른 방법)

이것도 변형의 한가지
이다. 이 경우 혹1에 백
2로 붙여대는 것으로는
혹3으로 뻗어내어져 큰
손해이다. 그러면 이 경
우 백은 어떻게 대응하
면 좋을까?

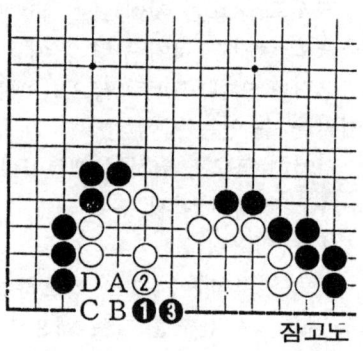

잠고노

우선 백A로 놓는다. 혹B 때 백C로 젖혀내고, 혹D로 끊
게 하여 백3으로 단수하는 것이다.

○연습문제

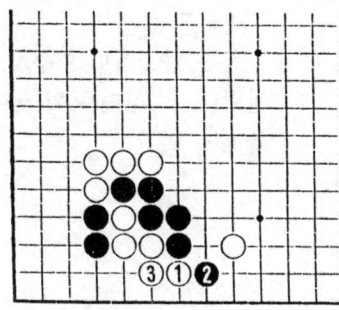

제1문 혹선

제1문 혹선
백이 1·3으로 젖혀 이어갔다. 혹은 어떻게 놓는가?

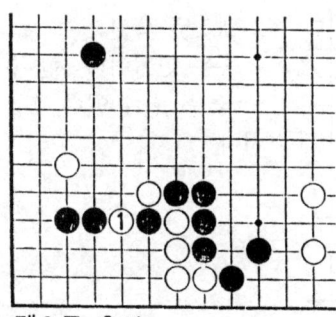

제2문 혹선

제2문 혹선
백1로 단수했다. 혹은 이것을 어떻게 대처하면 좋을까?

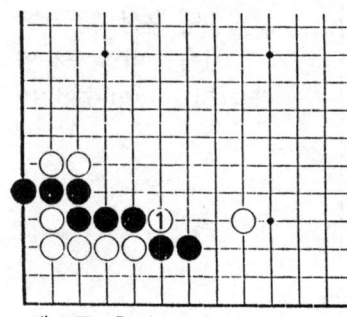

제3문 혹선

제3문 혹선
백1의 끊기는 무난하다. 혹으로써는 허락할 수가 없다. 다음 수는?

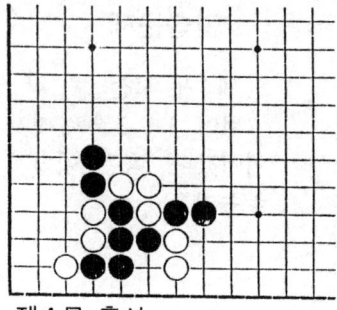

제 4 문 흑선

제 4 문 흑선
 흑을 잡으려면 3 수가 걸린다. 그러면 흑의 놓는 수는?

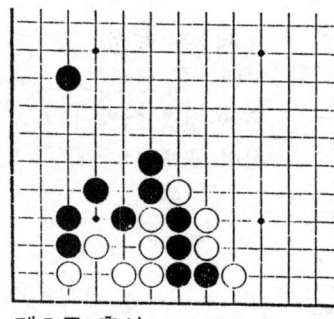

제 5 문 흑선

제 5 문 흑선
 흑은 핀치이다. 한 수도 늦출 수가 없다. 구출하라.

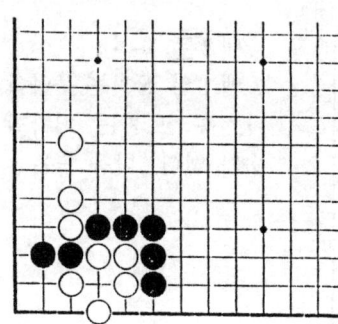

제 6 문 흑선

제 6 문 흑선
 구석에는 아직 수가 있다. 그것은 어떤 수인가?

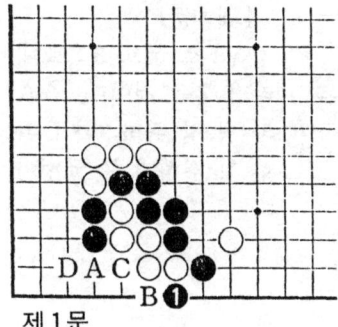

제1문

◇연습문제 해답

〔제1문〕

흑1의 젖히기가 맥으로, 이것으로 서로 싸워 승리한다(다음에 백A라면 흑B, 백C, 흑D).

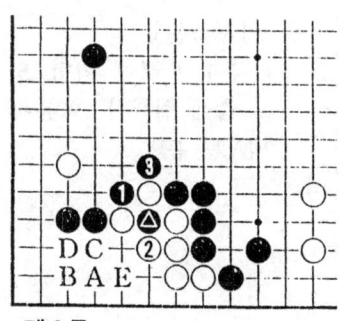

제2문

〔제2문〕

흑1로 끊어 조이는 형으로 가져간다. 흑3 다음 백A라면 흑B, 백C, 흑D가 선수이다(백E 흑●).

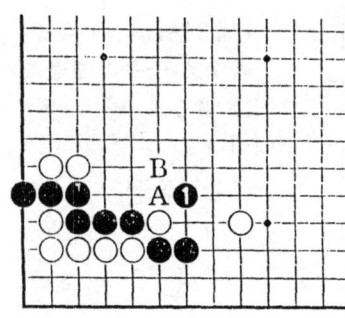

제3문

〔제3문〕

흑1로 걸쳐 백의 한 점을 취한다. 백A로 도망치려 해도 흑B로 안심이다.

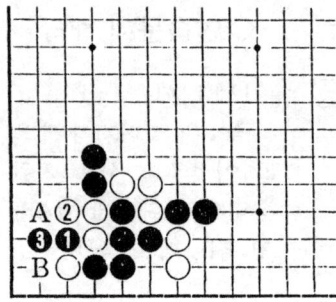

제4문

〔제4문〕

흑1로 끊고 3으로내리면 좋은 것이다. 흑A의 세 점 취하기와 B의한 점 취하기가 균형이다.

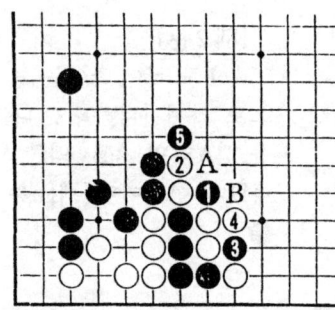

제5문

〔제5문〕

흑1의 끊기 이하 5로 축에 취한다. 다음에 백A는 흑B.

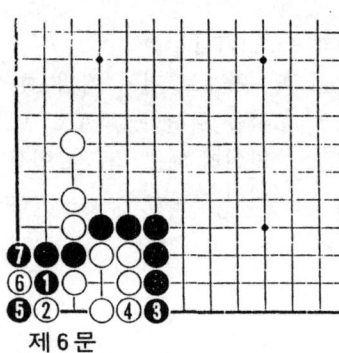

제6문

〔제6문〕

흑1로 구부려 3을 살리고 흑5로 넣는 것이 맥이다.

7까지로 패가 된다.

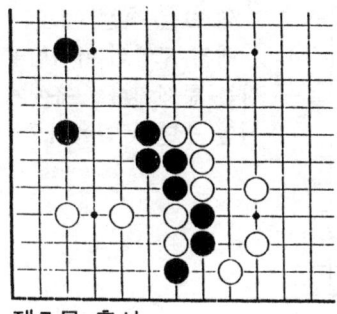

제 7 문 혹선

○연습문제

제7문 혹선

혹의 세 점은 아직 취해지지 않았다. 구출법은?

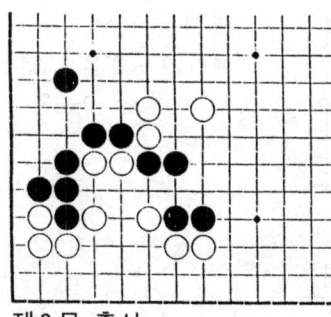

제 8 문 혹선

제8문 혹선

백의 약점을 잡는 날카로운 맥이 있다. 어떤 것일까?

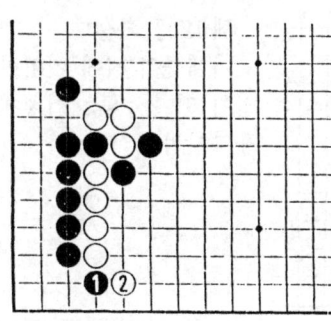

제 9 문 혹선

제9문 혹선

혹 1 의 젖히기에 백 2 로 눌러갔다. 자, 혹의 찬스이다.

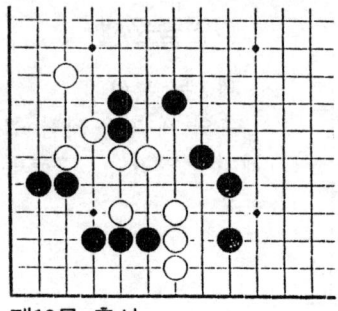

제10문 흑선

제10문 흑선
백의 모양의 미비함을
잡는 문제이다. 흑에게
어떤 수단이 있을까?

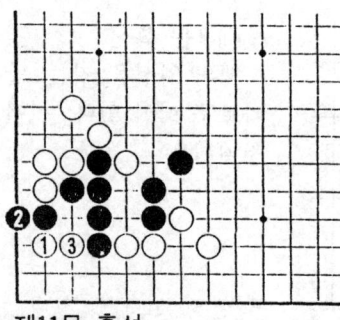

제11문 흑선

제11문 흑선
백이 1·3으로 갔다.
흑의 다음 한 수는?

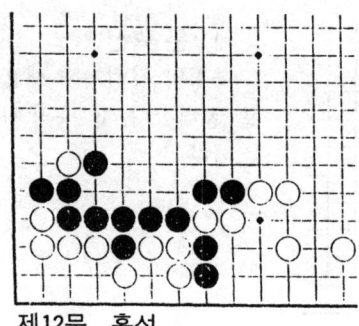

제12문 흑선

제12문 흑선
아래쪽의 백에 미비한
점이 있다. 흑은 어떻게
공격할까?

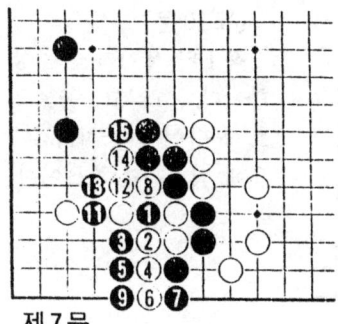

제 7 문

◇연습문제 해답

〔제 7 문〕

흑 1 의 갈라넣기에서 3 으로 끊어가는 수가 있다. 백 4 이하 14 까지로 도망칠 수 없다. ⑩ 잇기 (1).

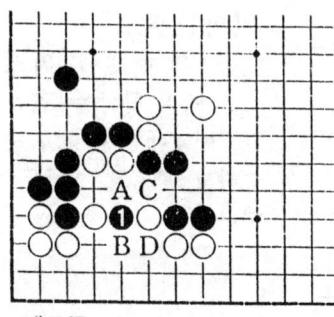

제 8 문

〔제 8 문〕

흑 1 의 갈라넣기가 멋진 맥이다. 백A라면 흑 B, 또 백C라면 흑D로 취한다.

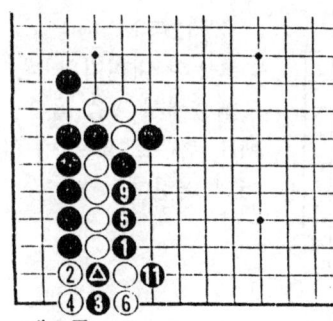

제 9 문

〔제 9 문〕

흑 1 의 쳐들어가기의 맥에서 흑11 까지로 백은 곤란에 빠진다. ❼ 놓기 (●), ⑧ 취하기(3), ⑩ (●).

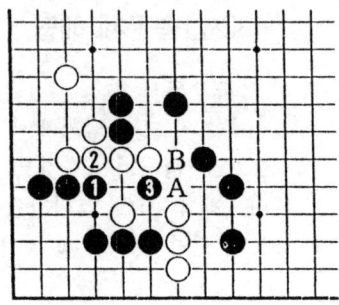

제10문

〔제 10문〕
흑1의 빼기가 듣는 상황이다. 그리고 흑3으로 분단이 가능하다. 다음에 백A라면 흑B이다.

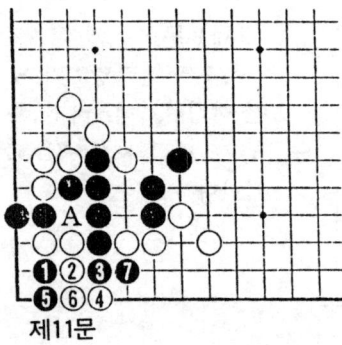

제11문

〔제 11문〕
흑1의 배 붙이기의 맥으로 백의 침략을 끊는다. 백4에는 흑5가 중요하고, 백A로 끼어들수 없다.

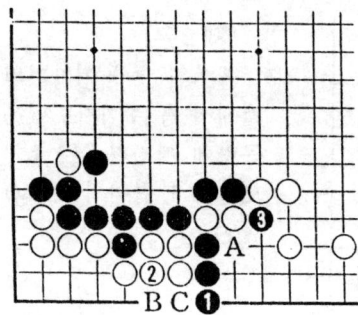

제12문

〔제 12문〕
흑1의 내리기의 맥. 백2에서 A는 흑2, 백B, 흑C로 세 점이 떨어져 버린다.

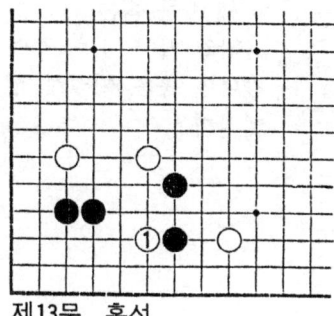

제13문 혹선

○ 연습문제

제13문 혹선

백이 1로 붙여갔다. 맥인데 혹도 맥으로 응수하라.

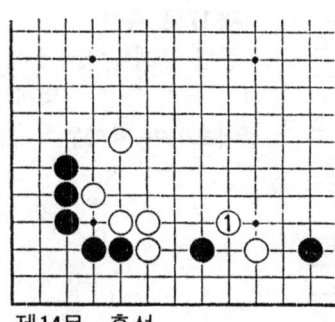

제14문 혹선

제14문 혹선

백 1의 걸침에 대해 혹의 간명한 응수를 발견하라.

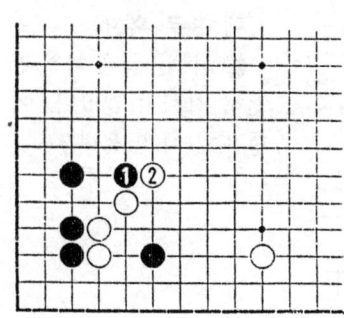

제15문 혹선

제15문 혹선

혹 1의 붙이기에 백 2가 젖혀져 갔다. 찬스이다. 어떻게 놓는가?

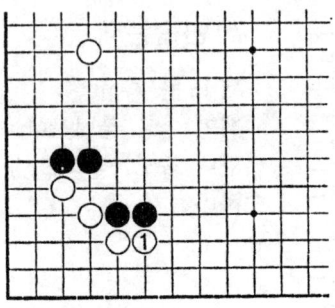

제16문 흑선

제16문 흑선
만일 백이 1로 뻗어 갔다면 흑은 어떻게 정해갈까?

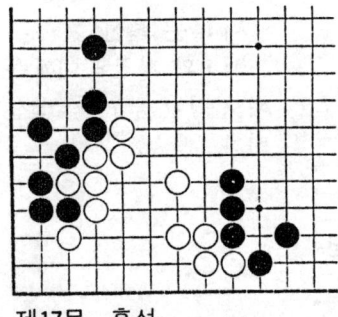

제17문 흑선

제17문 흑선
종반 문제이다. 구석에 있어서 흑은 어떻게 끌어모아야 할까?

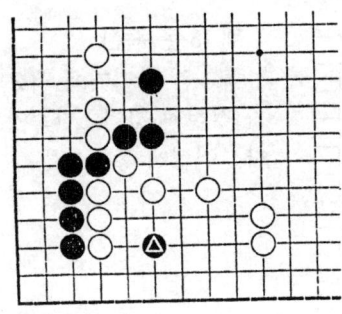

제18문 흑선

제18문 흑선
● 의 한 점은 아직 완전히 잡히지 않았다. 어떤 수단이 있을까?

◇연습문제 해답

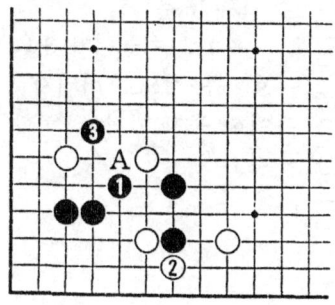

제13문

〔제13문〕
흑1의 마늘모가 호수
맥이다. 만일 백A라면
흑2이다. 그리고 백2
로 건너면 흑3으로 걸
친다.

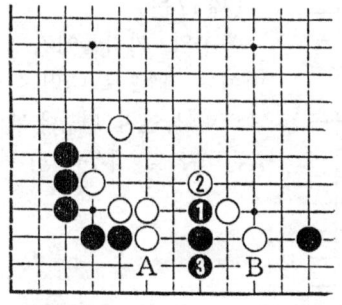

제14문

〔제14문〕
흑1로 내어 마디를붙
이고, 백2에는 흑3으로
내려 A와 B의 대기를균
형이 되게 하는 것이다.

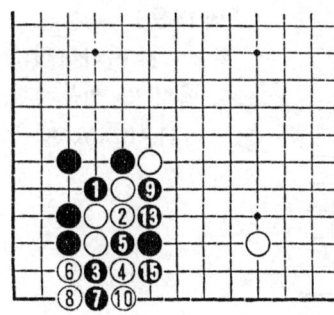

제15문

〔제15문〕
흑1의 대어넣기라면
이하 15까지 백 찌부러
짐. ⑪놓기(3), ⑫취하
기(7), ⑭잇기(3).

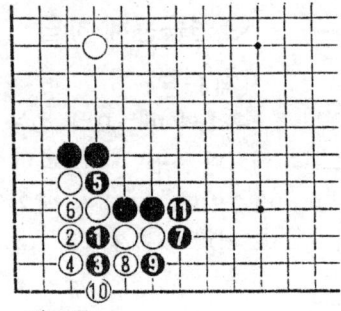

제16문

〔제 16 문〕
흑1로 쳐들어가 3으로 '두 점으로 버리기' 이하 흑11 까지로 정한다.

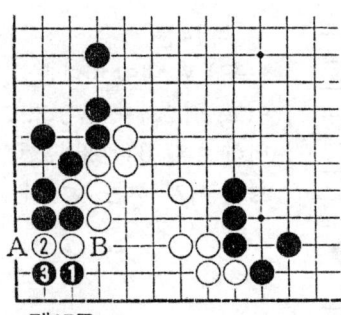

제17문

〔제 17 문〕
흑1의 끼워붙이기가 맥이다. 백2로 내면 흑3으로 붙인다(다음에 백A는 흑B로 찌부러짐).

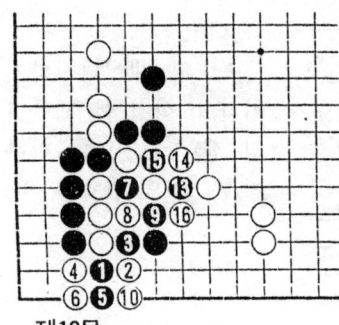

제18문

〔제 18 문〕
흑1・3 이하의 수순으로 백의 반 찌부러짐. ⑪ 놓기 (1), ⑫(5), ⑩ 패 취하기(7).

판 권
본사
소 유

꼭 알아야 할 바둑의 기본

2014년 7월 25일 인쇄
2014년 7월 30일 펴냄

엮은이/ 프로바둑연구회
펴낸이/ 최　상　일
펴낸곳/ 太乙出版社
서울특별시 중구 신당6동 52-107 (동아빌딩내)
등록/1973년 1월 10일(제4-10호)

＊잘못된 책은 구입하신 곳에서 교환해 드립니다.

■주문 및 연락처

우편번호 100-456
서울특별시 중구 신당6동 52-107 (동아빌딩 내)
전화 / 2237-5577　팩스 / 2233-6166
ISBN 89-493-0363-9　　　13690

"당신의 바둑실력이 두 배로 는다 !!"

최신판!! 프로바둑강좌시리즈

'머리의 바둑'은 '공격을 겸한 방어'이자, '방어를 위한 공격'이다.!!

프로바둑강좌 / 완전초급

1 초보자를 위한 바둑의 ABC

7단 影山利郎 지음·

2 초보자를 위한 바둑 첫걸음

9단 藤沢秀行 지음·

3 초보자를 위한 기본기 레슨

7단 影山利郎 지음·

4 초보자를 위한 알기쉬운 정석

9단 高川秀格 지음·

5 혼자서 배우는 포석의 기초

碁聖 大竹英雄 지음·

6 초보자를 위한 실전 포석 입문

碁聖 大竹英雄 지음·

7 초반부터 리드하는 법

碁聖 大竹英雄 지음·

8 초보자를 위한 침입의 기술

9단 加藤正夫 지음·

9 초보자를 위한 중반전의 기술

9단 林海峯 지음·

10 초보자를 위한 맞바둑의 기술

9단 大竹英雄 지음·

프로바둑강좌 / 어린이바둑

1 바둑은 이렇게 둔다

프로바둑연구회 편·

2 돌은 이렇게 잡는다

프로바둑연구회 편·

3 땅은 이렇게 만든다

프로바둑연구회 편·

4 포석과 정석

프로바둑연구회 편·

5 기본적인 맥

프로바둑연구회 편·